RELATION
DES FÊTES DE THOUARS
EN L'HONNEUR DE LA BIENHEUREUSE

FRANÇOISE D'AMBOISE
DUCHESSE DE BRETAGNE
LE 4 NOVEMBRE 1866

PAR M. L'ABBÉ E.-L. ROSIÈRE
AUMÔNIER DE L'HOSPICE-GÉNÉRAL DE POITIERS.

> Faites sur toutes choses que Dieu soit le mieux aimé.
> *Paroles de la B. Françoise.*

POITIERS
HENRI OUDIN, LIBRAIRE-ÉDITEUR,
RUE DE L'ÉPERON, 4.
1867

RELATION
DES FÊTES DE THOUARS
EN L'HONNEUR DE LA BIENHEUREUSE
FRANÇOISE D'AMBOISE
DUCHESSE DE BRETAGNE
LE 4 NOVEMBRE 1866

PAR M. L'ABBÉ E.-L. ROSIÈRE
AUMONIER DE L'HOSPICE-GÉNÉRAL DE POITIERS.

> Faites sur toutes choses que Dieu soit le mieux aimé.
> *Paroles de la B. Françoise.*

POITIERS
HENRI OUDIN, LIBRAIRE-ÉDITEUR,
RUE DE L'ÉPERON, 4.
1867

RELATION

DES FÊTES DE THOUARS

EN L'HONNEUR DE LA BIENHEUREUSE

FRANÇOISE D'AMBOISE.

PERMIS D'IMPRIMER.

Poitiers, le 8 décembre 1860.

Cu. GAY,
Chan. théol. et vicaire-général.

POITIERS. — TYPOGRAPHIE DE HENRI OUDIN.

RELATION

DES FÊTES DE THOUARS

EN L'HONNEUR DE LA BIENHEUREUSE

FRANÇOISE D'AMBOISE

DUCHESSE DE BRETAGNE

LE 4 NOVEMBRE 1866

PAR M. L'ABBÉ E.-L. ROSIÈRE

AUMÔNIER DE L'HOSPICE-GÉNÉRAL DE POITIERS.

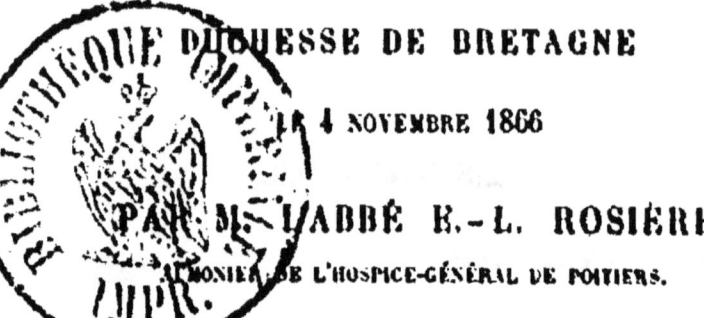

> Faites sur toutes choses que Dieu soit le mieux aimé.
> *Paroles de la B. Françoise.*

POITIERS
HENRI OUDIN, LIBRAIRE-ÉDITEUR,
RUE DE L'ÉPERON, 4.
1867

A LA BIENHEUREUSE

FRANÇOISE D'AMBOISE.

A qui dédierai-je cet opuscule, sinon à vous, noble enfant de Thouars, bonne Duchesse de la Bretagne? Ce ne sont point vos vertus et vos gloires que j'y publie, non; — d'autres plus capables et plus dignes ont déjà pris ce soin. — J'y raconte seulement les honneurs rendus à votre sainte Relique, les ovations triomphales que vous avez reçues de la part de mes frères, vos concitoyens et désormais vos enfants.

Quels transports d'ineffables surprises et de joies enivrantes durent s'emparer de votre âme, lorsque, après un exil de soixante ans sur la terre, elle fit son entrée au ciel, sa véritable patrie! — Ah! il me semble que votre sainte Relique dut aussi tressaillir en revenant dans cette cité de vos pères qui fut un jour pour vous ce que nous appelons ici-bas la patrie.

Ce corps vénéré, temple de l'Esprit-Saint, avait été l'instrument de vos généreux sacrifices, le sujet de vos héroïques vertus ; ne fallait-il pas qu'après avoir suivi votre âme dans les combats et les dangers, il l'accompagnât au triomphe et à la gloire ?

Pour vous célébrer dignement, très-auguste Patronne, tous les arts, comme tous les cœurs, se sont unis en ce grand jour. Délicieux souvenirs que j'ai fidèlement recueillis et confiés à la garde de ce petit livre. Si peu digne qu'il soit de vous, ô Bienheureuse, daignez en accepter l'hommage. Je le dépose humblement à vos pieds, et vous conjure de bénir au moins la bonne volonté que j'ai eue de vous faire plus connaître et mieux aimer.

AUX THOUARSAIS.

Votre vénérable archiprêtre m'a demandé un compte-rendu de la manifestation religieuse du 4 novembre 1866. J'ai cru mieux remplir ses intentions et répondre à vos désirs en composant une relation détaillée des grandes choses qui se sont accomplies dans ce jour mémorable, en l'honneur de la bienheureuse Françoise d'Amboise. Car, « qui ne sait combien nos souvenirs les plus chers s'oblitèrent promptement, et avec quelle facilité les impressions les plus profondes s'effacent dans le cœur de l'homme, lorsqu'aucun signe extérieur ne vient de temps en temps les raviver ! Le journal, de son côté, est une feuille volante qu'un jour apporte et qu'un jour enlève ; on en parcourt les colonnes, mais on ne le conserve pas. Rien de ce que l'on apprend par cette voie ne demeure dans l'esprit : l'attention, sans cesse tenue en haleine par la rapide succession des événements, n'a pas le loisir de s'arrêter à aucun d'eux en particulier, et l'on peut dire que cette publicité que le journalisme donne aux faits perd généralement en durée ce qu'elle gagne en retentissement [1] ».

Cette Relation, au contraire, perpétuera dans vos

[1]. Couronnement de Notre-Dame-la-Grande.

familles les souvenirs de nos patriotiques et religieuses solennités. Quand les années auront passé sur vos têtes, quand, aux anniversaires de la fête de la bienheureuse Françoise, il vous plaira de parcourir ces modestes pages de vos annales, vous sentirez revivre dans vos cœurs les douces émotions dont ils ont palpité en ce grand jour ; vous serez heureux et presque fiers de pouvoir dire à vos enfants : « J'étais de la grande fête du 4 novembre 1866 ».

Ce livre, je l'ai donc entrepris pour vous et à cause de vous. Enfant de Thouars, j'ai voulu donner à mon pays un témoignage de l'estime que je lui porte, et de l'affection que je lui ai vouée dès l'enfance. En racontant le magnifique triomphe préparé par vous à la Bienheureuse, j'ai dû faire l'apologie de votre foi, l'éloge de votre amour chrétien. Puissent cet amour et cette foi se traduire sans cesse dans vos œuvres, et vous mériter un jour les célestes récompenses que Dieu prépare à tous ses saints !

Hospice général de Poitiers, 3 décembre 1866,
en la fête de saint François-Xavier.

RELATION
DE LA
TRANSLATION DES RELIQUES
DE LA BIENHEUREUSE
FRANÇOISE D'AMBOISE.

CHAPITRE PREMIER.

THOUARS. — SES VICOMTES. — GÉNÉALOGIE DE LA BIENHEU-
REUSE FRANÇOISE D'AMBOISE. — SON BERCEAU. — PRINCIPAUX
ÉVÉNEMENTS DE SA VIE. — SA MORT.

Avant la conquête des Gaules par Jules-César, Thouars (*Thucdæ arx*, citadelle du Thoué) était une place extrêmement forte. Depuis l'invasion des Francs, il n'est fait mention de cette ville, dans nos chroniques, qu'en 759, sous le règne de Pépin [1].

La seigneurie de Thouars était le plus beau fief de la région de l'Ouest central. Ses maîtres se sont qualifiés souvent vicomtes *par la grâce de Dieu*, et disaient, dans leurs aveux, que cette terre *confrontait à l'Angleterre, l'Océan entre-deux*. Ils pouvaient équiper 4,000 cavaliers. En 1447, suivant Dutillet, 1,700 fiefs en relevaient.

Cette seigneurie a été possédée successivement :
1° par les anciens vicomtes de Thouars ; 2° par les

---

[1]. *Histoire de Thouars*, par M. de Bourniseaux. Nous empruntons à cet auteur la plupart des documents historiques de la cité, mentionnés dans cet opuscule.

vicomtes d'Amboise ; 3° par les vicomtes et les ducs de La Trémouille.

1° *Les anciens vicomtes* de Thouars se succédèrent au nombre de 22. Le premier, Savary, régna de 903 à 926 ; le dernier, Louis, de 1332 à 1370.

Louis étant mort sans laisser d'héritier mâle, sa fille aînée, Péronnelle, porta la seigneurie à ses deux époux, Amaury de Craon et Tristan Renault.

Aucun enfant n'étant provenu de ces deux mariages, la vicomté passa à Isabeau de Thouars, sœur de Péronnelle. Isabeau épousa en secondes noces :

2° *Ingelger, seigneur d'Amboise*, valeureux guerrier, surnommé le Grand.

Cet Ingelger était de la maison de Berrie, en Loudunais. Un membre de cette famille, Renaud, seigneur de Berrie, vivant en 1206, avait épousé Marguerite d'Amboise, fille et héritière de Hugues III, seigneur d'Amboise, de Chaumont, de Montrichard, etc.

Jean, fils de Renaud et de Marguerite d'Amboise, succéda, en 1256, aux fiefs maternels, et prit, le premier de sa maison, le nom et les armes d'*Amboise*, après le décès de Mahault, dame d'Amboise, comtesse de Chartres, sa cousine. Il mourut en 1274.

Son fils, Jean II, seigneur d'Amboise, eut deux enfants : Pierre Ier et Hugues, seigneur de Chaumont, de qui est descendu le fameux cardinal Georges d'Amboise, ministre de Louis XII.

Pierre Ier, seigneur d'Amboise, etc., eut un fils :

Ingelger Ier, qui épousa, en secondes noces, comme nous venons de le dire, Isabeau de Thouars, dame de Rochecorbon. Ils eurent plusieurs enfants, entre autres deux fils :

Pierre II, vicomte de Thouars, en 1397, mort sans postérité, et

Ingelger II, qui laissa pour successeur un fils unique :

Louis Ier. A la mort de son père et de son oncle, celui-ci réunit en sa personne toutes les seigneuries de la maison de Berrie-Amboise-Thouars. Il épousa Marie de Rieux, issue de l'une des plus illustres familles de Bretagne[1]. Dieu accorda trois filles à ces nobles époux :

1° Françoise d'Amboise, femme de Pierre II, duc de Bretagne. C'est la Bienheureuse dont nous faisons la généalogie, et à laquelle nous consacrons ces lignes.

2° Jeanne ou Péronnelle d'Amboise, qui épousa Guillaume d'Harcourt, comte de Tancarville, et mourut sans postérité.

3° Marguerite d'Amboise qui, le 20 août 1446, épousa :

3° Louis Ier, sire de La Trémouille. Par suite de cette alliance, les La Trémouille ont régné à Thouars, sous le titre de vicomtes, de 1446 à 1562 ; et, sous le titre de ducs, de 1562 à 1789.

La Bienheureuse Françoise d'Amboise naquit en 1427. On a voulu contester à Thouars l'insigne honneur d'avoir été le berceau de la Bienheureuse ; il serait, ai-je ouï dire, fortement revendiqué par la ville d'Amboise. Essayons de soulever le voile qui cache à nos regards cette vérité historique.

Deux auteurs graves ont écrit, en ces derniers temps, la vie de l'illustre duchesse : M. l'abbé Richard, grand-vicaire du diocèse de Nantes[2], et le vicomte de Kersabiec[3]. Entièrement désintéressés dans une question

---

1. Les armoiries de Rieux sont : d'azur à neuf besants d'or.
2. *Vie de la Bienheureuse Françoise d'Amboise*, 2 vol. in-8°.
3. *La Bienheureuse Françoise d'Amboise*. C'est de cet ouvrage que nous avons extrait sa généalogie.

à laquelle nous, Thouarsais, nous attachons une si grande importance, ils ont fait toutes les recherches possibles pour l'élucider. Voici le résultat de leurs investigations :

M. l'abbé Richard résume ainsi sa pensée :

« Nous ne connaissons d'une manière certaine ni le
« lieu, ni le jour de la naissance de Françoise. Les monu-
« ments historiques qui nous restent de cette époque
« indiquent, comme la résidence la plus habituelle de
« son père, le château de Thouars, et *nous serions*
« *porté à croire qu'elle vint au monde en cette ville.*
« On peut aussi conjecturer que le jour de sa naissance
« fut le 28 septembre. »

M. de Kersabiec affirme davantage sa croyance :

« Où naquit la bienheureuse enfant ? Est-ce à Roche-
« corbon, à Amboise ou à Thouars? On ne le sait pas
« d'une manière absolue ; mais, de ces lieux, le dernier
« seul, en ce moment, revendique cet honneur ; *et tout*
« *me porte à croire que c'est avec raison.* Non-seule-
« ment il est à supposer que Louis et Marie, pressés de
« prendre possession de leur château de Thouars et de
« leurs belles terres du Poitou, soient en effet venus,
« dès l'année 1426, en cette province ; mais le cours
« des événements dut encore les conduire à se réfugier
« dans ces domaines, loin de la cour et des intrigues
« qui s'y succédaient. Ce n'est pas ici le lieu de nous
« étendre sur ce sujet ; mais au moins devons-nous
« l'effleurer, afin d'arriver, autant que possible, à véri-
« fier les prétentions du Poitou sur le berceau de notre
« duchesse. »

L'historien donne ensuite, à l'appui de son assertion,

des preuves déduites de l'exposé même de plusieurs faits qu'il raconte. D'où il suit que si Thouars n'a pas une certitude absolue et mathématique en faveur de ses prétentions, il possède du moins un faisceau de preuves morales assez considérable pour les sauvegarder. Dès qu'une créance est devenue générale, si voilée qu'en soit l'origine, elle peut quelquefois passer logiquement à l'état de vérité historique. Dans l'espèce, c'est, croyons-nous, un jugement désormais rendu et accepté. Les Tourangeaux se féliciteront d'avoir donné à notre sainte son nom patronymique, rien de plus ; les Poitevins, eux, conserveront l'honneur de l'avoir vue naître au château des Vicomtes de Thouars.

Il n'entre pas du tout dans notre plan de faire l'histoire de la Bienheureuse. Nous signalerons seulement à l'admiration du lecteur les principaux traits de cette sainte vie [1].

Françoise était encore au berceau, quand plusieurs seigneurs, selon l'usage de ce temps, la recherchèrent en mariage pour leurs fils. Georges, seigneur de la Trémouille, chambellan du roi Charles VII, fit une demande en faveur de Louis, son fils aîné. Cette proposition ne fut pas agréée. On accueillit, au contraire, celle du duc de Bretagne, Jean V, en faveur de Pierre, son second fils.

La Trémouille, irrité de ce refus, s'empare d'Amboise, saisit traîtreusement et garde prisonnier le vi-

---

[1]. Cette vie abrégée de la Bienheureuse, ainsi que l'histoire de ses Reliques, sont entièrement tirées pour le fond, et le plus souvent même pour l'expression, de la *Légende de la B. Françoise*, par M. l'abbé Richard, grand-vicaire de Nantes. Que ce digne ecclésiastique, qui nous a permis de puiser aussi largement dans ses œuvres, veuille bien recevoir ici l'hommage de notre vive gratitude.

comte Louis, père de Françoise. Marie de Rieux, obligée de quitter Thouars, s'enfuit avec sa fille à Parthenay, sous la protection d'Arthur de Richemont, frère du duc de Bretagne et connétable du roi. Alors fut décidé le mariage de Pierre, âgé de 13 ans, avec Françoise, qui n'était que dans sa quatrième année ; le contrat fut signé le 21 juillet 1431.

Il fallait soustraire la petite Françoise aux dangers qui la menaçaient. Arthur la conduisit donc à la cour de Bretagne, où elle devait être élevée jusqu'à l'époque de son mariage. Le duc Jean V avait épousé Jeanne, sœur de Charles VII, princesse accomplie, l'une des plus vertueuses de son siècle, formée à la piété par saint Vincent Ferrier. C'est à elle que fut confiée l'éducation de Françoise d'Amboise. Dieu avait prévenu cette chère enfant de ses faveurs. Dans un âge si tendre, elle priait avec dévotion, elle aimait les pauvres, leur faisait de petits présents et se privait même pour eux de sa nourriture. Son amour pour la sainte Eucharistie était si remarquable, que l'on crut devoir, contrairement aux règles ordinaires, l'admettre à la première communion dès l'âge de cinq ans.

L'année suivante, la duchesse Jeanne rendit son âme à Dieu. Le duc Jean vint à Nantes avec Françoise et les princes ses enfants. L'avenir de Pierre et de Françoise était l'objet de sa sollicitude. Par un contrat passé à Theix, le 2 mars 1438, le duc constitua au jeune prince un apanage consistant en plusieurs terres et seigneuries, dont la principale fut celle de Guingamp. Pierre porta dès lors le nom de ce comté, et la Bienheureuse commença aussi à être appelée la comtesse de Guingamp, quoiqu'elle ne fût encore que fiancée au prince Pierre; elle garda ce titre jusqu'à son avénement au trône de Bretagne.

Cependant la vertu de Françoise devenait chaque jour plus solide et plus sérieuse. Modèle des dames de la cour par sa piété, sa douceur, la modestie de son maintien et la discrétion de ses paroles, elle était plus attentive à cultiver la beauté de son âme qu'à faire valoir les grâces extérieures dont le Seigneur l'avait ornée.

Le mariage de Françoise, âgée de 15 ans, avec le prince Pierre, fut célébré en 1442. Il eut lieu avec toute la pompe qui convenait à une alliance presque royale, en présence du duc François, frère de Pierre, du connétable Arthur de Richemont, son oncle, des prélats et des barons du duché. Les deux époux allèrent fixer leur résidence à Guingamp. Malheureusement, le bonheur dont ils auraient pu jouir fut bientôt troublé. Pierre était bon, vertueux même, mais d'un caractère faible, impressionnable. Possédé d'une noire jalousie contre sa chaste épouse, il osa la maltraiter par des injures et des coups. Françoise n'opposa à ses fureurs que la plus inaltérable patience; elle gagna ainsi le cœur de son mari. Touché de la grâce, le prince lui demanda pardon avec larmes et vécut depuis ce temps au milieu des pratiques de piété et de pénitence auxquelles se livrait la Bienheureuse.

Le duc Jean V était mort le 18 août 1442, laissant trois fils: François, l'aîné, qui lui succéda sur le trône ducal; Pierre, le mari de Françoise, et Gilles, le plus jeune des trois frères. Ce prince joignait à de brillantes qualités un caractère hautain et des passions ardentes. Ses imprudences furent exploitées par la haine et la calomnie. Le duc François, circonvenu par

Arthur de Montauban, son favori, fit arrêter le malheureux Gilles et le retint pendant quatre ans dans une dure captivité. Nul ne témoigna plus de compassion et de zèle pour sa délivrance que la bienheureuse Françoise. Dans un entretien particulier, elle montra au duc toute l'injustice de sa conduite. François Ier s'en offensa et lui enjoignit, ainsi qu'à Pierre, de quitter la cour et de se retirer à Guingamp. La pieuse comtesse ne se rebuta point : elle écrivit à son oncle le connétable et au roi de France lui-même. François, forcé par tant d'instances, allait mettre son frère en liberté; mais les ennemis du jeune prince avaient juré sa perte : ils inventèrent de nouvelles perfidies, et le malheureux Gilles, condamné à mort, fut étranglé dans sa prison.

Dans le cours de cette même année, François, cité au tribunal de Dieu par le confesseur de la victime, tomba malade. La Bienheureuse accourut au château de Plaisance, près de Vannes, où il s'était fait transporter. Elle prépara le duc à recevoir les sacrements de l'Église. Il expira le 18 juillet.

La mort de François Ier fit passer la couronne ducale à Pierre, et Françoise fut ainsi appelée par la Providence à s'asseoir sur le trône de Bretagne. Pierre fut couronné dans la cathédrale de Rennes au mois de septembre 1450, au milieu du concours de toute la noblesse du pays. De Rennes, Pierre et Françoise vinrent à Nantes et y firent leur entrée solennelle le 12 octobre, accompagnés de leur oncle Arthur de Richemont.

Le règne de Pierre II, grâce à la douce influence que sa sainte épouse exerça sur son cœur, fut un des plus heureux et des plus respectés dont la Bretagne ait gardé le souvenir. Les historiens s'accordent à reconnaître dans la conduite de Pierre les secrètes inspirations de Françoise Ainsi, à peine couronné, le prince envoya des ambassadeurs au pape Nicolas V, pour lui faire l'obédience, en qualité de souverain catholique. Il renouvela cette obédience en 1445, lorsque Calixte III succéda à Nicolas V. — Il fit poursuivre et punir les meurtriers du prince Gilles. — Il aida le roi de France, son suzerain, à expulser les Anglais du royaume. — Lors de la guerre de Guienne, Pierre songeait à demander de nouveaux subsides aux États réunis à Vannes; Françoise le conjura de ne pas donner suite à ce projet : « L'affection du pauvre peuple vers le prince, lui disait-elle, vaut mieux que tous les trésors du monde, et assure mieux l'état d'une monarchie que des richesses mal acquises ». Sage maxime, qui devrait être écrite en lettres d'or dans le cœur de tous les souverains.

Une des plus belles œuvres de la Bienheureuse fut la canonisation de saint Vincent Ferrier. La duchesse Jeanne lui avait recommandé en mourant de ne pas oublier ce grand serviteur de Dieu. Françoise se souvint de ses promesses d'enfance et les accomplit.

Le soulagement des pauvres était l'objet de ses continuelles préoccupations ; les lépreux eurent aussi ses préférences, elle fonda l'une des ladreries de la ville de Nantes. « Elle était, dit l'historien Albert, la mère du peuple, le refuge des misérables, la nourrice des pauvres. »

Il y avait, du temps de la Sainte, un grand luxe de vêtements. Françoise remédia à cet abus, si désastreux pour les familles et les empires, par une simplicité de mise que tout le monde, à la cour et dans la province, voulut imiter.

Ses habitudes de la confession et de la communion fréquentes furent aussi d'un salutaire exemple pour les âmes. La pieuse duchesse se plaisait à orner les temples du Seigneur : grâce à ses libéralités, la ville de Nantes se vit dotée d'un couvent de religieuses Clarisses.

Ainsi s'écoulèrent les sept années du règne de Françoise. Pierre tomba malade ; et, après avoir rendu hommage aux vertus de sa chaste épouse, il s'endormit dans le Seigneur, le 22 septembre 1457.

Son oncle Arthur, comte de Richemont, monta sur le trône ducal de Bretagne. Ce prince, qui autrefois avait aimé Françoise d'un amour paternel, changeant tout à coup ses dispositions bienveillantes, la traita avec des rigueurs inouïes. La noble veuve en prit occasion de faire triompher de nouveau sa patience. Le ciel punit Arthur, qui mourut au bout de quinze mois.

François II, comte d'Étampes, lui succéda. Il avait épousé la jeune duchesse Marguerite, fille de François Ier. Le nouveau souverain rendit à la Bienheureuse les biens dont Arthur l'avait dépossédée. Françoise ne s'en servit que pour multiplier ses aumônes.

Comme elle aspirait à une perfection plus grande, elle résolut d'entrer au monastère des pauvres Clarisses ; mais sa santé ne pouvant soutenir la règle, elle fut obligée de choisir un ordre moins austère, celui des Carmélites. Elle supplia donc le bienheureux Jean Soreth, général des Carmes, d'envoyer en Bretagne le nombre de religieuses suffisant pour y fonder une maison où elle ferait elle-même profession. C'est à une demi-lieue de Vannes, près du couvent des Carmes appelé le Bon-Don, que Françoise résolut de construire son monastère.

Cette entreprise devait être traversée par beaucoup d'épreuves. Le seigneur d'Amboise avait songé à faire contracter à sa fille un second mariage avec un des princes de la maison de Savoie. La politique de Louis XI, successeur de Charles VII, approuvait ce projet. Françoise, à cette nouvelle, s'enfuit dans son château de Rochefort. Un jour qu'elle assistait à la messe paroissiale, sur le point de communier, elle prononce à haute voix ces paroles devant l'assistance : « Dès à présent, je fais vœu... de « vivre en perpétuelle continence ». Le seigneur de Montauban, son oncle, arrive bientôt après : il lui communique les projets de mariage formés à la cour. Françoise l'éconduit avec dignité. Irrité de ce refus, Arthur la charge, mais en vain, de menaces et d'injures. — Le seigneur d'Amboise la presse de ses paternelles sollicitations. Louis XI se rend en personne auprès de la duchesse, à Nantes : rien ne peut ébranler la résolution de la nouvelle épouse de Jésus-Christ. Le roi, humilié, ordonne de l'enlever de force ; mais voilà que pendant la nuit (c'était au mois de mai), les eaux de la Loire gelèrent au point que les barques qui devaient emmener Françoise ne purent faire aucun mouvement. A la vue de ce prodige, on laissa la Bienheureuse suivre ses inspirations.

Elle était à peine sortie de cette épreuve, que de nouvelles croix vinrent fondre sur elle. Sa vertueuse mère, Marie de Rieux, mourut entre ses bras. — Son père entreprit de la déshériter, ainsi que sa jeune sœur Marguerite, qui avait épousé, malgré lui, le fils du comte de La Trémouille. Françoise, par amour de la justice, eut le courage de revendiquer, devant le Parlement de Paris, les droits de sa maison.

Le duc de Bretagne était alors dominé par une passion coupable : ses scandales étaient publics. La Bienheureuse lui en écrivit ; comme ses lettres demeuraient sans effet, elle vint à Nantes, pour tenter un dernier, mais inutile effort auprès de François II. Son entrée dans la ville fut un véritable triomphe ; les Nantais aimaient toujours la bonne duchesse.

Cependant, un essaim de neuf Carmélites habitait, depuis le 24 décembre 1463, le monastère de Bon-Don. Françoise, après avoir dit au monde un éternel adieu, alla les y rejoindre. Elle prit le saint habit le 25 mars 1468, en présence de l'évêque de Nantes et de son chapitre, d'un grand nombre de seigneurs et de gentilshommes. Après un an de noviciat, elle fit profession entre les mains du R. P. Soreth.

Sa nièce Marguerite mourut dans le cours de cette même année 1449. La Bienheureuse, pleine de sollicitude pour le bonheur de la Bretagne et le salut de François II, lui proposa un second mariage avec Marguerite de Foix, fille de Gaston de Navarre. Les scandales du duc cessèrent par ce moyen.

Six ans après sa profession, Françoise fut élue prieure de son monastère, placé sous le vocable des trois Marie. Le R. P. Soreth dut l'obliger d'accepter cet honneur et cette charge.

Peu de temps après, elle fut appelée par le pape Sixte IV, au monastère des Couëts, près de Nantes, habité par des religieuses Bénédictines. Les observances n'étaient pas gardées : il fallait une réforme. Pour l'obtenir, le souverain pontife donna le prieuré des Couëts aux Carmélites de Bon-Don. C'est dans cet asile, où elle se rendit avec quelques-unes de ses Sœurs, que Françoise passa les dernières années de sa vie. Grâce à la sagesse de son administration, grâce surtout à ses hautes vertus, plus persuasives que ses enseignements, la sainte Carmélite rétablit, dans le monastère des Couëts, la régularité et la ferveur.

La Bienheureuse avait achevé son œuvre : elle était mûre pour le ciel. Au mois d'octobre 1485, une religieuse meurt entre les bras de Françoise qui la soignait, et lui communique le mal dont elle était atteinte. Le samedi, 29 octobre, Françoise fut obligée de se retirer à l'infirmerie. Le lendemain, elle se confessa, entendit la messe et eut le bonheur de communier. Le mal faisait de rapides progrès : on lui apporta le saint viatique, le jeudi 3 novembre. A minuit, le R. P. vicaire lui donna l'extrême-onction. Toute la communauté entourait la couche funèbre. La Bienheureuse fit à ses filles éplorées de touchantes exhortations : sans cesse cette parole inspirée revenait sur ses lèvres : « Faites sur toutes choses « que Dieu soit le mieux aimé! » Elle les bénit une dernière fois, parla du ciel avec amour, et expira, le vendredi 4 novembre, à l'heure où Jésus-Christ mourut sur la terre. Elle était âgée de 58 ans.

Bienheureux les morts qui meurent dans le Seigneur !!!

CHAPITRE II.

HISTOIRE DES RELIQUES DE LA BIENHEUREUSE ET DE SON CULTE.

En 1492, la septième année qui suivit son trépas, il devint nécessaire de réparer le tombeau de la duchesse ; le saint corps y fut retrouvé entier et sans corruption. Ce privilége de l'incorruptibilité d'une chair que le péché livre en pâture aux vers, est toujours un premier signe du ciel en faveur de la sainteté du personnage ; cette preuve a une portée considérable sur les esprits. En effet, au bruit de cet événement, toute la ville de Nantes accourut aux Couëts pour être témoin du prodige. Plusieurs autres s'étant manifestés, les religieuses voulurent donner à leur vénérée Mère un tombeau plus digne de ses vertus. En conséquence, le saint corps fut déposé dans un enfeu, ou chapelle souterraine. Cet enfeu avait deux ouvertures fermées par des grilles en fer : l'une, située du côté de l'église, permettait aux fidèles d'offrir leurs vœux à la *bonne Mère duchesse ;* l'autre se trouvait dans la partie intérieure du monastère. C'est là que les religieuses venaient prier leur sainte fondatrice. — Un siècle plus tard, la France, sous Charles IX, se trouvait ébranlée par les secousses formidables du protestantisme. Dans ces guerres de religion, les Huguenots, très-dignes émules de Luther, se donnaient le passe-temps de brûler ou de renverser les églises, après en avoir spolié les trésors ; d'ouvrir les tombeaux des saints et d'en jeter les reliques au vent. Une compagnie de ces hérétiques guerroyait sur les confins de la Bretagne et du Poitou. Le monastère des Couëts n'étant pas à l'abri de leurs attaques, la prudence conseilla aux religieuses de le quitter momentanément. Mais, avant de se réfugier à Nantes, elles voulurent mettre en sûreté ce qu'elles avaient de plus cher au monde, les dépouilles mortelles de leur bonne Mère. Le tombeau fut donc ouvert une seconde fois. O prodige! le corps était demeuré sans corruption, les vêtements mêmes étaient conservés. Il demeura exposé tout le jour et la nuit suivante. Le lendemain, il fut porté en procession dans l'église et dans le cloître, puis déposé en terre. Ceci se passait au mois de novembre 1568. L'année suivante, à la Toussaint, les Carmélites rentraient dans leur chère solitude. Les temps étaient mauvais ; elles crurent devoir laisser à la terre le trésor qu'elles lui avaient confié. Ce ne fut qu'en 1592, le 19 novembre, que le saint corps fut replacé dans son tombeau d'honneur, où il demeura jusqu'à la révolution de 1793.

A l'occasion de cette seconde translation qui se fit avec pompe, Dieu révéla de nouveau la sainteté de la duchesse en permettant que des malades fussent guéris au contact de ses reliques. Mais la Bienheureuse se plaisait surtout à exaucer les prières de ses chères filles du Carmel, et les fréquents miracles dont elles étaient l'objet développaient dans leur cœur la confiance la plus vive, l'amour le plus ardent. Ainsi, plusieurs d'entre elles, en entrant en religion, déposaient leur nom du siècle pour prendre celui de la bienheureuse Françoise. Les Carmélites du couvent de Nazareth, près Vannes, plaçaient avec honneur, à la porte de leur jardin, une statue de leur bonne Mère. Elles demandaient aussi à la peinture de lui rendre de publics hommages : un bon nombre de communautés ornaient leurs chapelles ou oratoires du portrait de la Bienheureuse. L'un de ces tableaux antiques est aujourd'hui encore la propriété de l'une des églises de notre diocèse, Saint-Benoît-de-Quinçay. Dans la lettre que nous allons citer tout à l'heure, adressée au Souverain Pontife par Mgr Pie, évêque de Poitiers, le lecteur remarquera que, pour prouver l'antiquité du culte de la Bienheureuse au milieu de nous, Sa Grandeur s'appuie sur l'existence de ce tableau vénérable.

Le culte de la bonne duchesse prenait de jour en jour des proportions plus étendues. Le titre de *Bienheureuse*, que lui avait décerné la piété des peuples de Bretagne, lui était désormais universellement acquis. Toutefois la cause de sa béatification n'était pas instruite ; les vicissitudes politiques auxquelles la Bretagne fut soumise dans ces temps malheureux étaient l'unique cause de ce retard. — En 1761, les États de Bretagne se trouvant réunis à Nantes, les trois ordres qui le composaient, c'est-à-dire le clergé, la noblesse et le tiers-état, écrivirent au Souverain Pontife Clément XIII pour lui demander la béatification de Françoise d'Amboise. La réponse du Saint-Siége devait se faire attendre plus d'un siècle. L'année suivante, 1762, Mgr de la Musanchère, évêque de Nantes, fit aux Couëts la reconnaissance juridique du tombeau et des reliques de la Sainte. Les chairs étaient entièrement consommées, mais presque tous les ossements étaient encore conservés. Ils furent enveloppés dans une étoffe de soie blanche et déposés avec le procès-verbal dans un coffre de bois, fermant à clef. La poussière des ossements soigneusement recueillie fut mise dans une seconde boîte, et une troisième renferma les morceaux de vêtements qui avaient été trouvés dans le cercueil. Toutes les reliques furent ensuite déposées de nouveau dans la châsse primitive que le prélat fit replacer dans l'enfeu.

La révolution de 1789 arriva : les religieuses des Couëts furent livrées à la persécution et chassées de leur couvent. Le monastère fondé par Françoise d'Amboise avait cessé d'exister ; mais le culte de la Bienheureuse devait survivre à tant de ruines amoncelées.

Au mois de février 1793, au fort de la Terreur, le couvent des Couëts fut assailli et dévasté. Arrivés à l'église, les profanateurs voulurent enlever le cercueil de la Bienheureuse qu'ils croyaient en argent doré. Bientôt ils reconnurent que c'était une simple châsse en plomb. « Il servira à faire des balles », dit l'un d'eux ; et, avec des moqueries sacriléges, ils jetèrent çà et là les ossements de la duchesse de Bretagne. Une des filles de Françoise était là, c'était la courageuse prieure, sœur Jeanne de la Roussière ; on recueillit la tête et une partie des ossements de la Bienheureuse, avec des morceaux de ses vêtements, et on les renferma dans une boîte garnie de soie à l'intérieur. Puis, les reliques furent transportées dans le jardin de l'ancien sacristain du couvent, nommé Murandeau, et cachées en terre ; un pied de guimauve royale planté dans cet endroit indiquait la sépulture de la sainte carmélite. Malgré la persécution, cette tombe ne fut pas sans gloire. La nuit, de pieux fidèles venaient s'y agenouiller et déposer sur la terre les linges qu'on faisait ensuite toucher aux malades. — Au bout de quelque temps, Murandeau, craignant avec raison que l'humidité n'altérât le précieux reliquaire, le transporta dans sa maison et le plaça sur le relais d'un mur dans une chambre haute. Cette pauvre chambre, devenue la sépulture royale de la sainte duchesse, fut souvent transformée en oratoire, et M. Métayer, l'un des derniers aumôniers du couvent, à qui la maison de Murandeau servait d'asile, y célébrait la messe devant les reliques.

Six ou sept ans s'écoulèrent ainsi. La France et la religion respiraient un peu. C'est alors que deux des anciennes religieuses des Couëts, Mmes de la Ville et de la Salmonière, vinrent chercher les reliques de leur chère fondatrice. L'entreprise n'était pas sans danger. Elles prirent d'abord quelques objets qui avaient appartenu à la Sainte, ses patins ou pantoufles, et la pauvre écuelle de bois ou d'étain dont elle s'était servie. La jeune fille chargée de transporter à Nantes ce fardeau fut arrêtée, et les objets qu'on lui avait confiés saisis et détruits. Sans se décourager, les courageuses Carmélites entreprirent bientôt après la translation des dépouilles mortelles de leur bienheureuse Mère. On appela un jeune orphelin de neuf à dix ans. Les reliques furent placées dans une boîte de carton qu'il prit sur sa tête ; et, comme il s'éloignait, la pieuse femme qui avait, pendant les jours de la Terreur, recueilli dans sa demeure les restes vénérés de la Sainte, lui dit tout émue : « Fais bien attention, ô mon fils ; ah ! quel précieux fardeau tu portes! c'est la tête de la bonne duchesse ». Cette fois il n'y eut point d'accident, et les pieuses filles de Françoise purent transporter à Nantes, jusque dans leur demeure, ce qui restait des ossements de leur fondatrice.

Cependant les Carmélites des Couëts et de Nazareth cherchèrent à se réunir en communauté ; leurs efforts ne réussirent pas, et Mme de la Salmonière porta le dépôt précieux dans le couvent de la grande Providence où elle se retira et où elle mourut en 1828.

Dix ans plus tard, l'ancienne maison des Couëts devint un séminaire. Les souvenirs de la sainte duchesse reprirent une nouvelle vie. Des travaux continués avec persévérance pendant plusieurs années permirent de constater l'authenticité des reliques qui avaient été sauvées pendant la révolution.

En 1858, Mgr Alexandre Jacquemet, évêque de Nantes, annonça au clergé et aux fidèles que l'antique église de Saint-Clair allait reprendre la liturgie romaine. A cette occasion, des recherches sérieuses durent être faites sur le culte des saints honorés dans le diocèse.

Au milieu des acclamations qui accompagnèrent le triomphe des saints nantais[1], on se souvint de Françoise d'Amboise. Elle vivait dans cette catholique Bretagne, elle avait ses autels dans tous les cœurs, tout portait à croire que Rome sanctionnerait facilement son culte immémorial. En effet, Mgr l'évêque de Nantes ouvrit une enquête canonique pour constater une dernière fois l'authenticité des reliques de la Bienheureuse. Une ordonnance épiscopale du 4 novembre 1861 confirma en ces termes le résultat de l'inquisition :

Art. 1er. — Les reliques de la bienheureuse Françoise, conservées dans le reliquaire déposé au couvent des religieuses de la Providence, en notre ville épiscopale, et décrites au procès-verbal relaté ci-dessus, sont authentiques et doivent être reconnues pour telles.

Art. 2. — Les mêmes saintes reliques seront, à l'ave-

---

[1]. Il y eut particulièrement, le 8 octobre 1859, une translation solennelle des reliques de saint Émilien, évêque de Nantes. Mgr Pie fut chargé d'en prêcher le panégyrique.

nir, placées dans un lieu décemment disposé entre le chœur desdites religieuses et la chapelle extérieure où peuvent entrer les fidèles, etc.

Enfin, un mémoire historique et liturgique sur le culte immémorial de la bienheureuse Françoise d'Amboise fut rédigé par les ordres de Mgr Jacquemet pour être soumis au Souverain-Pontife. Ce remarquable travail, qui exigeait beaucoup de science et de piété, fut confié à M. l'abbé Richard, grand-vicaire du diocèse de Nantes. En même temps, Mgr l'archevêque de Rennes et les trois évêques de Bretagne, Mgr l'archevêque de Tours et Mgr l'évêque de Poitiers se joignirent à l'évêque de Nantes pour solliciter la faveur désirée du Saint-Siége.

Voici la lettre de Mgr l'évêque de Poitiers, avec la traduction :

« BEATISSIME PATER,

« Cum nobis compertum fuerit venerabilem fratrem
« nostrum, Episcopum Nannetensem, Sanctitati Vestræ
« supplicem libellum obtulisse aut jamjam esse oblatu-
« rum, eo fine ut suprema vestra apostolica auctoritate
« sanciatur et confirmatur titulus et cultus immemo-
« rialis Beatæ Franciscæ Ambosiæ, Moniali Carmelitæ,
« in his partibus generaliter tributus :

TRÈS-SAINT PÈRE,

Informé de la requête qui a été présentée à Votre Sainteté, ou qui le sera très-prochainement par notre Vénérable frère l'Evêque de Nantes, à cette fin d'obtenir de votre suprême autorité apostolique, qu'elle sanctionne et confirme le titre et le culte immémorial généralement décerné dans ces contrées à la Bienheureuse Françoise d'Amboise, religieuse Carmélite :

« Nos hujuscemodi proposito non solum assentiri et
« plaudere, sed et preces nostras precibus dilecti nostri
« fratris et contermini pontificis conjungere propera-
« mus.

« Beata scilicet illa Christi famula, Ludovici Am-
« bosii Vicecomitis Thoarciensis filia, in ipsomet castro
« Thoarciensi apud nos pie ac regie educata, diœcesim
« nostram primo sanctitatis suæ per juveniles annos
« odore perfudit. Unde virtutum ejus ac miraculorum
« memoria fideliter isthic perseverat ; nomen *Beatæ*
« illi tribuitur in usu tam scribendi quam loquendi
« communiter recepto ; imo imaginem ipsius, cum hac
« honoris et publicæ invocationis nota, in variis locis a
« remoto tempore inauguratam reperimus, v. g., in ec-
« clesia olim abbatiali, nunc parochiali, sancti Bene-
« dicti de Quinciaco, in suburbio pictaviensi.

« Quapropter humiliter et enixe Sanctitatem Vestram
« rogamus quatenus votis plane legitimis fratris nostri
« Nannetensis ac cæterorum Britanniæ coepiscoporum
« sicut et nostris, benignam aurem præbere dignetur,
« nec etiam recuset festum, cum missa et officio ejus-
« dem Beatæ Franciscæ, petitioni nostræ concedere.

Non-seulement nous déférons et applaudissons à un tel dessein, mais nous nous empressons encore d'unir nos prières à celles de ce Pontife, notre Frère bien-aimé et notre voisin.

Et de fait, cette bienheureuse servante de Jésus-Christ, fille de Louis d'Amboise, vicomte de Thouars, élevée pieusement et d'une façon royale dans ce même château de Thouars, de notre juridiction, embauma notre diocèse, durant ses jeunes années, du premier parfum de sa sainteté. Aussi, le souvenir de ses vertus et de ses miracles s'est-il ici fidèlement perpétué ; et c'est un usage communément reçu dans les écrits aussi bien que dans le langage, de la nommer *Bienheureuse*. Bien plus, en divers endroits, et entre autres, dans l'Église jadis abbatiale et aujourd'hui paroissiale de Saint-Benoît de Quinçay, près Poitiers,

« Hoc Britannia, hoc Pictava tellus, Romano Ponti-
« fici ac Sanctæ Sedi tantopere devotæ, benevolentiæ
« apostolicæ signum ac fidelitatis suæ præmium acci-
« pere gaudebunt. Hoc universo Carmelitarum Ordini,
« tot meritis in Gallia nostra præstanti, vividissimum
« pietatis ac fervoris erit incitamentum. Hoc præclaris
« et nobilibus feminis, inter hujusmodi prospera et ad-
« versa, humilitatis, pœnitentiæ, abnegationis cætera-
« rumque christianarum virtutum opportunissimum erit
« exemplum. Hoc denique pontificiæ vestræ personæ,
« de augenda cœlestium sanctorum terrestri gloria tan-
« topere sollicitæ, novum et potentissimum erit in su-
« perna domo patrocinium.

« Quod autem suppliciter a Sanctitate Vestra requiro,
« hoc mecum etiam instanter postulant Reverendi Ar-
« chidiaconi, Decanus, cæterique ecclesiæ meæ cathe-

---

nous retrouvons son image inaugurée à une époque reculée avec ce même caractère d'honneur et de vénération publique.

C'est pourquoi, nous prions humblement et d'une manière toute spéciale Votre Sainteté, de vouloir bien prêter une oreille bienveillante aux vœux si légitimes de notre Frère de Nantes, aussi bien qu'à ceux des autres Évêques de la Bretagne et aux nôtres, et de ne pas refuser à nos instances la célébration, avec Messe et Office, de la fête de la Bienheureuse Françoise.

Cette faveur, la Bretagne et le Poitou, ces provinces si dévouées au Saint-Siége et au Pontife de Rome, se réjouiront de la recevoir comme un gage de la bienveillance apostolique, en même temps qu'une récompense de leur fidélité. Elle sera pour l'Ordre entier des Carmélites, célèbre dans notre France par tant de mérites, le plus salutaire encouragement à la piété et à la ferveur; elle fournira aux femmes nobles et illustres, dans la prospérité ou dans les épreuves de cette vie, un exemple très-opportun d'humilité, de pénitence, d'abnégation et de toutes les autres vertus chrétiennes. Enfin, elle assurera à votre personne apostolique, si empressée d'augmenter sur la terre la gloire des saints du ciel, une nouvelle et toute-puissante protection de la part du Très-Haut.

« dralis canonici infra scripti, capitulo Ecclesiæ Nan-
« netensis in hoc consentientes.

« Dignetur interea Paternitas Vestra apostolica sua
« benedictione me cum clero et populo mihi commisso
« iterum juvare.

« Beatitudinis Vestræ,

« Sanctissime Pater,

« Humillimum servum et obsequentissimum filium,

« † LUD. ED., *Ep. Pictavien.*

« Pictavii, die 3 junii 1862.

« P. Samoyault, vic. gen., arch. Pictavien.; A. de Bé-
« chillon, vic. gen., arch. Niorten. et Thoarcien-
« sis; Jeanner, cⁿ dec.; L. Garnier, archipres-
« byter ecclesiæ cathedralis; Charbonneau, cano-
« nicus; l'abbé C. de Larnay, can. theologalis;
« Carolus Auber, can. pœnit.; Laurent, sup.
« sem. maj.; J. de Lignon, canonicus; Héline,
« can. secret. »

Cette faveur, je la demande donc en grâce à Votre Sainteté. Les Révérends Archidiacres, le Doyen et les autres Chanoines de mon église cathédrale ci-dessous mentionnés, s'accordant en cela avec le Chapitre de l'Église de Nantes, unissent aux miennes leurs instantes prières. En attendant, daigne Votre Paternité m'assister de sa bénédiction apostolique, ainsi que le clergé et le peuple qui m'a été confié.

De Votre Béatitude,

Très-Saint Père,

Le très-humble serviteur et le fils très-soumis,

† L. Ed., *Év. de Poitiers.*

Poitiers, 3 juin 1862.

P. Samoyault, vic.-gén., achd. de Poitiers; A. de Béchillon, vic.-gén., archid. de Niort et de Thouars; Jeanner, doyen du Chapitre; L. Garnier, archipr. de l'église cathéd.; Charbonneau, chan.; l'abbé Ch. de Larnay, chan. théol.; Charles Auber, chan. pénit.; Laurent, sup. du Grand-Sém.; J. de Lignon, chan.; Héline, chan.-secrét.

Aux suppliques des évêques s'ajoutèrent les vœux exprimés par les Chapitres des églises cathédrales. L'ordre des Carmes unit ses prières à celles des évêques français. La cause fut instruite en la forme ordinaire à la sacrée Congrégation des Rites ; et, le 16 juillet 1863, fête de Notre-Dame du Mont-Carmel, notre très-saint Père le Pape Pie IX confirma par son autorité apostolique *le culte public ecclésiastique rendu de temps immémorial à la Bienheureuse Françoise d'Amboise, duchesse de Bretagne, et religieuse carmélite.*

Le 27 septembre 1864, la sacrée Congrégation des Rites donnait aux diocèses de Nantes et de Poitiers, ainsi qu'à l'ordre des Carmes, l'autorisation de réciter la messe et l'office de la bienheureuse Françoise sous le rit double, avec une oraison et des leçons propres pour le second nocturne. — La fête de la sainte duchesse fut fixée au 5 novembre : c'est le lendemain du jour où elle s'endormit dans le Seigneur.

CHAPITRE III.

POURQUOI CES FÊTES?

Que la Bretagne entreprenne de célébrer les gloires de Françoise, qu'elle témoigne autant d'amour à la Bienheureuse, que naguère elle montra de fidélité à la bonne duchesse; qu'elle tende les cordes de sa lyre pour chanter les vertus de sa royale héroïne; que même elle convoque la France catholique à ses manifestations religieuses, après avoir invité, pour en rehausser l'éclat, tout un collège d'évêques, toute une phalange de prêtres, de religieux et de lévites; loin de paraître étonnés, nous applaudissons à ces élans prodigieux d'un peuple qui ne cessa pas un jour — exemple unique peut-être dans l'histoire, — d'être fidèle à ses princes autant qu'à son Dieu. Mais quel motif plausible peut déterminer la ville de Thouars à entreprendre, elle aussi, des fêtes inaccoutumées? Quels échos la vieille cité prétend-elle demander à ses murs décrépits pour honorer la Bienheureuse? D'où vient même que le nom de Françoise la fait tressaillir? Qui donc enfin la sollicite de traduire, par des cérémonies pompeuses, son admiration et son amour?—Certes, si quelqu'un s'avisait de poser sérieusement cette question, je ne doute pas que les Thouarsais ne se sentissent blessés dans leurs affections désormais les plus chères, et que de leur poitrine frémissante ne s'échappât une réponse filiale et victorieuse.—Si la Bienheureuse duchesse a quelque droit d'être fêtée parmi nous! Je le crois bien: n'avons-nous pas dit que l'antique citadelle du Thoué fut son *berceau*? Voilà notre privilége à nous, nous en sommes légitimement fiers; voilà notre grandeur et nos titres, nous ne les voulons céder à personne.

Thouars fut son berceau : que de poésie dans ce mot, que de souvenirs il rappelle! Un berceau, quoi de plus aimé, quoi de plus chanté? Connaissez-vous un peuple qui n'ait point célébré son berceau? Savez-vous une famille, une personne au monde qui ne sente pas remuer toutes les fibres de son âme au souvenir du pays, de la cité, du village qui, à une heure fixée par la Providence, devint un jour son berceau? Au milieu des amères tristesses dont s'inspirait sa lyre, le prophète sacré chantait avec emphase les gloires futures de Bethléem; pourquoi? Parce que Bethléem devait être le berceau du Messie attendu. « Tu n'es rien, s'écriait-il, rien qu'une obscure bourgade; tu as à peine un nom dans la tribu de Benjamin, à peine une place déterminée sur ces collines d'Orient d'où le soleil se lève radieux; cependant, rassure-toi : un jour, bientôt tu vas devenir fameuse dans l'histoire des peuples; sous l'un de tes rocs dénudés, la Vierge sans tache mettra au monde le Sauveur d'Israël [1]. » — Le village de Pouy, berceau de saint Vincent de Paul, sera toujours plus célèbre, plus fréquenté des pèlerins que beaucoup de villes, illustres du reste, où l'apôtre de la charité exerça pendant plus d'un demi-siècle son ministère sacré. — N'est-il pas également vrai que la petite ville de Montfort restera grande parmi toutes les autres cités bretonnes, parce qu'elle donna le jour à l'intrépide et saint mission-

---

[1]. Mich., v, 2.

naire qui porte son nom [1] ? — Ainsi, fortunés habitants de Thouars, l'histoire fidèle pourra enregistrer les gloires du tombeau de la bienheureuse duchesse; oui, mais elle dira, tout d'abord, quel firmament abrita son berceau, quelle étoile éclaira son front régénéré par le baptême. Avant que d'être un beau fruit mûri par le soleil de la Bretagne, Françoise a été une fleur gracieusement éclose sous les rayons du soleil de Thouars. Bretons, réjouissez-vous, exaltez votre chère duchesse, portez jusques aux nues votre sainte couronnée dans les cieux: à la bonne heure! mais n'oubliez pas que c'est nous qui vous l'avons donnée. Rappelez-vous que

---

1. **Le Vénérable Père de Montfort.** Ses noms patronymiques étaient : Louis-Marie-Grignon de la Bacheleraie. Voulant, par humilité, faire oublier au monde ses titres de noblesse (tant d'autres les convoitent, les achètent, les disputent aujourd'hui), il prit coutume de signer simplement du nom de la ville de Montfort où il était né le 31 janvier 1673. Ayant occasion de passer à Poitiers vers le mois d'avril 1701, il va dire la sainte Messe dans la chapelle de l'Hospice-Général. Son angélique piété frappe tous les regards : les pauvres le demandent pour aumônier à Mgr de Girard, qui le leur accorde. Le 2 février 1703, le P. de Montfort reçoit les vœux de religion de Mlle Marie-Louise Trichet, dont il dirigeait la conscience; et, en la consacrant au Seigneur, il l'établit fondatrice et première supérieure générale de la florissante Congrégation des Filles de la Sagesse. L'année suivante, obligé de quitter l'Hôpital où il n'avait plus le loisir de déployer son zèle, il commence le cours de ses missions, dont les prodigieux et universels succès ont révélé dans le P. de Montfort un saint d'une physionomie à part, d'une trempe d'âme peu commune. — Après douze ans d'un apostolat marqué au cachet de toutes les croix, le pieux missionnaire mourut dans le bourg de Saint-Laurent-sur-Sèvre, le 28 avril 1716. Un pèlerinage très-fréquenté se fait à son tombeau, signalé par de fréquents miracles. Le P. de Montfort a été déclaré Vénérable. On travaille en ce moment à l'examen de ses vertus. Il y a tout lieu d'espérer que les honneurs de la Béatification ne tarderont pas à lui être décernés, et que la Bretagne et le Poitou seront invités à lui payer le tribut de leurs communes louanges. — A ce titre, on voudra bien pardonner à l'auteur d'avoir consacré ces lignes à la gloire d'un saint dont il a l'honneur et la consolation d'être le très-indigne successeur.

les anges gardiens de notre cité, alors fameuse, présidèrent à sa naissance, reçurent son premier sourire, comme aussi, sans doute, ses premières larmes. Ils ont, par l'ordre du Seigneur, marqué son front du sceau des prédestinés; et de leur manteau d'or, ils eurent soin de protéger le cœur de cette bénite enfant, qui fut toujours, jusque dans les liens du mariage, d'une chasteté virginale. Vous nous devez donc, Bretons, une part considérable de votre bonheur, et vous applaudirez, à votre tour, au triomphe que nous voulons préparer à notre commune patronne.

C'est une notion élémentaire que, comme les choses temporelles et toutes terrestres sont la propriété des princes qui gouvernent leurs États, ainsi les choses spirituelles et toutes célestes sont le patrimoine des évêques qui régissent leurs diocèses. Incontestablement, les saints sont la meilleure part de ce patrimoine sacré. A l'évêque donc de le faire fructifier, avec un soin jaloux, pour la plus grande gloire de Dieu et le salut des âmes. Rendons grâces au ciel: la part d'héritage des successeurs d'Hilaire est, sous ce rapport, considérable : la gerbe des saints qui appartiennent à notre sol, par un titre quelconque, étale ses épis abondants. Que dis-je? levons les yeux au ciel: c'est là que nos saints, martyrs ou pontifes, vierges ou confesseurs, brillent de l'éclat le plus pur, et forment de magnifiques constellations que nos regards attendris contemplent [1]. — Or, voici qu'une nouvelle étoile s'est levée; la bienheureuse Françoise

---

[1]. Le nombre des saints qui appartiennent au Poitou par leur naissance, ou par l'exercice de leur ministère, ou par leur mort est de 43, savoir : 5 martyrs, 13 évêques, 17 confesseurs, 7 vierges, 1 sainte femme. *Vies des Saints de l'Église de Poitiers*, par M. l'abbé Auber.

est apparue à son heure providentielle et s'est posée à côté de ses sœurs dans le beau firmament de l'Église de Poitiers. Aussitôt l'œil vigilant du Pontife l'a reconnue; il se fait le hérault de l'apparition céleste, sa voix s'est empressée de la signaler à notre admiration, et son cœur en liesse a demandé aux nôtres des échos sympathiques qui ne lui seront point refusés.

Un saint est un membre vivant de Notre-Seigneur Jésus-Christ, un chrétien parfait qui, à l'exemple et pour l'amour de son divin Maître, méprise les vanités de ce monde, fuit ses grandeurs trompeuses, dédaigne ses trésors, foule aux pieds ses éphémères couronnes de plaisirs, préférant couvrir sa tête de la couronne d'épines et abreuver ses lèvres de l'amertume du calice.

A cause de cela précisément, Jésus-Christ lui promet et lui réserve une double couronne après la mort. Les anges dans le ciel ont tressé la première et la posent sur son front vainqueur; la seconde, c'est l'évêque, lui aussi messager du ciel, ange visible du Seigneur, qui est chargé d'office de la composer, d'en parer les reliques du Bienheureux et d'en orner sa mémoire bénie. — En effet, les fêtes, toutes pleines de magnificence, qui se célèbrent à l'occasion d'une béatification, les discours pleins d'éloges dont résonne la chaire sacrée, les livres édifiants qui se publient, les messes que l'on célèbre, les offices qui se récitent, les neuvaines qui se font, et jusqu'aux cierges du riche et du pauvre, brûlant comme un symbole d'amour, de gratitude et de confiance : je le demande, toutes ces choses si suaves, si pures, si émouvantes, ne sont-elles pas la plus insigne récompense que la terre puisse donner à un élu du ciel? Or, c'est l'évêque qui a provoqué ces élans généreux, inspiré cette foi vive, cette piété ardente ; c'est donc à lui d'en recueillir les fruits et les fleurs, pour en tresser comme un diadème royal, comme une couronne d'honneur que sa main sacrée posera au front du Bienheureux.

Cette insigne faveur de couronner de la sorte les saints de notre Poitou fut réservée bien des fois à l'illustre Pontife qui nous gouverne ; et ç'a été pour son âme une consolation d'un poids immense durant les seize années de son épiscopat si fécond en grandes œuvres comme en grandes douleurs.

Tout d'abord il l'a posée, cette couronne d'honneur :
1° au front de saint Hilaire, en obtenant de la cour de Rome le titre de docteur de l'Église universelle pour ce magnanime évêque de Poitiers, invincible champion de la divinité de Jésus-Christ contre les feintes insolences de l'arianisme et les hypocrites persécutions du pouvoir [1] ;

2° il l'a posée au front de sainte Radégonde, en recueillant dans une châsse d'une beauté remarquable les restes les plus insignes et les plus intacts de la bien-aimée patronne de ce diocèse [2] ;

3° Au front de la très-sainte Vierge Marie, en proclamant, comme tous les évêques de la catholicité, le dogme de son Immaculée Conception [3] ;

---

1. Le décret *Quod potissimum*, daté du 20 mars 1851, a été promulgué par Mgr Pie, le 31 décembre de la même année.

2. Dans sa lettre pastorale du 18 août 1850, Monseigneur engageait tous ses fidèles diocésains à concourir, par leurs offrandes, à la confection de la châsse, qui fut inaugurée le 13 août 1851.

3. La Bulle dogmatique *Ineffabilis*, fulminée par Notre Saint-Père le Pape Pie IX, le 8 décembre 1854, a été promulguée par Monseigneur, le 18 janvier 1855.

4° Au front de Notre-Dame-de-Pitié, en obtenant du Souverain-Pontife de précieuses faveurs qui ont jeté un lustre nouveau sur cette antique chapelle du Bocage, si fréquentée des pieux pèlerins [1];

5° Au front de Notre-Dame-des-Clefs, en consacrant le culte séculaire des Poitevins envers Celle qui délivra miraculeusement leur cité de la trahison et des Anglais, le jour de Pâques 1202 [2];

6° Au front de saint Martin, en faisant refleurir, par la présence des Bénédictins [3], le monastère de Ligugé, sanctifié autrefois par celle du grand thaumaturge des Gaules; et en obtenant des indulgences spéciales pour la visite de l'église et de l'oratoire de saint Martin [4];

7° Enfin, le dirai-je? il a daigné poser cette couronne d'honneur au front de ce jeune missionnaire, M. J. Théophane Vénard, décapité pour la foi au Tong-King, le 2 février 1861, en célébrant, dans l'église paroissiale de Saint-Loup, les vertus héroïques de cet aimable martyr [5].

1. Lettre pastorale du 27 août 1856, annonçant une indulgence plénière avec plusieurs des faveurs accordées en temps de jubilé, etc.
2. La cérémonie du couronnement apostolique, autorisé par un Bref du 27 juin 1863, a eu lieu le 29 novembre 1863.
3. Le rétablissement des Bénédictins en France est dû, on le sait, au R. P. Dom Guéranger, abbé de Solesmes, au diocèse du Mans. Sur la demande de Mgr Pie qui, depuis quatre ans, siégeait sur la chaire de saint Hilaire, une petite colonie de religieux partit de l'abbaye-mère, à la fin de 1853; et, favorisée par l'illustre prélat, vint relever à Ligugé le vénérable monastère fondé au IV° siècle par le grand saint Martin. L'humble prieuré fut rétabli plus tard dans sa dignité d'abbaye; et le R. P. Dom Léon Bastide, devenu de procureur impérial moine bénédictin, en fut institué le premier abbé.
4. Les indulgences accordées par Sa Sainteté Pie IX, le 11 mars 1856, tant à l'église de Saint-Martin, de Ligugé, qu'à l'oratoire du miracle de la résurrection du catéchumène, ont été publiées par Monseigneur, le 23 octobre de la même année.
5. Cette belle cérémonie, véritable triomphe pour la religieuse pa-

Étonnons-nous maintenant que Monseigneur ait pris en main la cause de l'illustre fille du duc d'Amboise et du vicomte de Thouars. Non, il ne pouvait pas se faire que le zèle de Sa Grandeur la mît en oubli. Aussi bien la sainte duchesse avait-elle réellement déposé sa couronne de Bretagne pour prendre le voile de l'humble Carmélite; elle avait changé ses joyaux contre le cilice, ses robes soyeuses contre la bure, son palais contre un cloître; il était juste que l'Évêque de Poitiers tressât une nouvelle couronne à sa noble diocésaine et lui rendît tous les honneurs que l'Église permet, encourage, sollicite en pareilles circonstances.

Nous avons vu avec quel empressement Mgr Pie, répondant à l'invitation de l'Évêque de Nantes, avait uni sa voix à celle de ses collègues dans l'épiscopat, à l'effet de solliciter du Souverain-Pontife le décret solennel de la béatification.

Sa Grandeur s'était fait représenter aux grandes solennités de Nantes par M. Métayer, archiprêtre de Saint-Médard de Thouars, et M. de la Terrière, Supérieur du collège Saint-Louis, établi dans le château même où naquit la Bienheureuse[1]. Les délégués étaient aussi et spécialement chargés de recevoir une portion des reli-

---

roisse, eut lieu le 2 février 1862, premier anniversaire du martyre de M. Vénard.

1. M. l'abbé de la Terrière a passé toute sa vie dans l'enseignement. D'abord professeur au collège de Saint-Maixent, il vint, en 1841, diriger comme supérieur l'établissement de Bressuire, autrefois petit-séminaire du diocèse. Aux vacances de 1851, il prit possession du château de Thouars, que la ville, sous l'administration de son maire, M. Legressier, lui avait offert. La présence de ce nouveau collège est un bienfait providentiel pour les habitants et le pays tout entier. Ils n'apprécieront jamais assez les qualités du vénéré supérieur qui consacre son existence à cette œuvre de dévouement.

ques de Françoise d'Amboise dans la distribution que Mgr l'Évêque de Nantes se proposait d'en faire aux évêques de Bretagne et à ceux qui revendiquaient quelque droit d'en posséder. La relique demandée par Mgr Pie pour la ville de Thouars était un morceau de l'os de la cuisse, *partem ex femore*, selon l'expression de l'authentique. Une autre parcelle semblable fut accordée pour la cathédrale de Poitiers.

Provisoirement déposée à l'église de Saint-Médard, la sainte relique devait être transportée à la chapelle du château où elle restera, tant qu'un prêtre placé à la tête du collége en sera constitué le gardien. Du jour où cette institution cesserait d'exister, ou d'avoir une direction ecclésiastique, la relique serait rendue à Saint-Médard à qui elle appartiendrait de droit.

C'est pour opérer dignement la translation des restes vénérés de la Bienheureuse, et pour établir en quelque sorte canoniquement son culte dans la ville où elle passa ses premières années d'enfance, que Monseigneur décida la célébration d'un *Triduum* en son honneur. Voici quels étaient les termes de la lettre circulaire adressée au clergé, le 13 octobre 1866 :

« Une relique notable de la bienheureuse Françoise d'Amboise nous ayant été accordée par Mgr l'évêque de Nantes, nous nous proposons de la déposer le dimanche, 4 novembre prochain, jour anniversaire de la mort de la Bienheureuse, dans la chapelle du château qui fut sa maison paternelle, et où elle passa les premières années de son enfance.

« Un *Triduum* de pieux exercices précédera la solennité. Le jour de la Toussaint, à l'issue des Vêpres qui seront chantées à 2 heures, nous exposerons la sainte relique dans l'église de Saint-Médard de Thouars. Il y aura sermon, ainsi que les deux jours suivants.

« Le dimanche, à 2 heures, nous chanterons pontificalement dans la même église les premières vêpres de la fête de la Bienheureuse, et nous donnerons la bénédiction papale avec indulgence plénière, en vertu d'un indult particulier. La procession ensuite se mettra en marche vers la chapelle du château (aujourd'hui collège Saint-Louis), où la cérémonie se terminera par une allocution de Mgr l'évêque d'Angoulême et par la bénédiction du saint Sacrement que donnera Mgr l'évêque d'Angers. »

Déjà, afin de donner plus d'éclat à la cérémonie future, Monseigneur avait personnellement prié NN. SS. les évêques d'Angers, de Moulins, d'Angoulême, ainsi que le R. Père abbé de Ligugé, d'honorer de leur présence cette fête de famille. En outre, Sa Grandeur avait chargé M. de la Terrière d'inviter en son nom tous les ecclésiastiques de l'archiprêtré de Thouars, tous ceux des cantons limitrophes du doyenné de Saint-Médard, et plusieurs autres prêtres du diocèse.

Enfin, un très-grand nombre d'invitations avaient également été faites, soit aux notables de la cité, soit à ceux de la contrée que Mgr honorait particulièrement de son estime ou de son amitié. C'étaient les rejetons vigoureux de ces nobles et antiques familles du Poitou et de la Vendée. C'étaient encore, et avant tout, ces hommes de principe et de cœur, si rares aujourd'hui et par cela même si recommandables, que leurs vertus privées, leur position sociale avaient sans doute mis à même de rendre des services signalés à l'Église catholique, ou aux églises particulières de leurs paroisses.

Cependant la *Semaine liturgique* [1] du diocèse, le *Courrier de la Vienne et des Deux-Sèvres* annonçaient à leurs abonnés les fêtes qui se préparaient à Thouars; de la sorte, le diocèse entier s'en trouvait instruit longtemps à l'avance.

Mais comment dire le rayonnement de joie qui éclaira le front des bons Thouarsais, lorsque M. l'archiprêtre leur apprit les intentions bienveillantes de Monseigneur?

S'il est une parole sacerdotale toujours agréée des fidèles, et jamais contredite, c'est celle de l'excellent curé de Saint-Médard. Je ne crois pas qu'il ait jamais mis au cœur d'un seul de ses paroissiens une ombre de tristesse ou de déplaisir. Le tact uni à la science lui permettent de côtoyer les difficultés inévitables du saint ministère sans jamais blesser personne. Un laisser-aller tout paternel, une joie toute naturelle qui s'épanche avec l'ouvrier aussi bien qu'avec le riche, lui ont valu le privilége d'une popularité tout exceptionnelle. Une parole ainsi aimée d'avance est une parole toujours acceptée et obéie promptement.

Soudain l'heureuse nouvelle vole de bouche en bouche. On se demande et l'on apprend bientôt ce qu'était cette illustre duchesse, dont on ne connaissait guère que le nom patronymique, cette grande Sainte dont le ciel et la terre semblent prendre en main et avec tant de chaleur les intérêts sacrés. Pouvait-on soupçonner que Thouars recélât un aussi riche trésor? Quelle surprise étonnante! Quelle joie! Quels transports! Les

---

1. Cette feuille hebdomadaire, contenant les nouvelles religieuses du diocèse, les faits divers qui, dans l'Eglise, intéres ent les bons catholiques, date du 1er janvier 1861 et paraît tous les samedis.

cœurs religieux bénissent le ciel, la piété s'échauffe en s'éclairant; la vie de la Bienheureuse est enlevée par centaines d'exemplaires, on la lit dans les salons, à l'atelier, dans la campagne. Des vœux lui sont déjà adressés, des prières lui sont faites; peut-être même des grâces particulières furent-elles obtenues par l'intercession de la nouvelle patronne.

Désormais la Bienheureuse est aimée des Thouarsais; elle est ici chez elle, au sein de sa famille; elle préside comme une mère au milieu de ses enfants, comme une reine entourée de ses sujets; on peut dire que son culte est populaire comme son nom, avant que l'Évêque ait ouvert la bouche pour le proclamer.

Le sentiment légitime d'un orgueil national s'empare de tous les esprits, saisit tous les cœurs. On soupire après ce jour trop reculé du premier novembre; les familles adressent à leurs parents éloignés, à leurs amis, des invitations pressantes. « Venez, nous écrivait-on, car jamais Thouars, à en juger par le programme posé, par les préparatifs qui se font, n'aura vu une aussi belle solennité, venez ». — C'est ainsi que, depuis plusieurs mois, la cité toute entière s'est émue [1]; et bientôt les acclamations du temps, s'unissant aux acclamations de l'éternité, retentiront dans nos rues splendidement ornées et sur nos places publiques, à l'honneur de notre bienheureuse compatriote, Françoise d'Amboise.

1. *Commota est civitas.* S. MATTH., XXI, 10.

CHAPITRE IV.

LE TRIDUUM.

L'homme a des sens qui demandent à être charmés. La religion catholique se charge de satisfaire ces légitimes désirs, par les fêtes qu'elle nous donne, par la pompe des cérémonies qu'elle étale à nos regards, par les chants sacrés dont elle réjouit nos oreilles. Il n'est personne qui puisse demeurer froid, insensible en présence de spectacles semblables. L'impie lui-même n'est pas à l'abri des sentiments que leur vue fait naître en lui ; et l'on sait que plus d'une fois des juifs, des protestants, des incrédules leur ont dû la grâce singulière d'une conversion éclatante. D'où vient cela ?

C'est que, sans parler de la beauté, de la splendeur de nos cérémonies en elles-mêmes, de la piété qui y préside, de l'imposante gravité qui les accompagne, elles ont, pour ainsi dire, une origine surnaturelle, elles sont dues à une sorte d'inspiration divine. — Je m'explique : rien d'humain, rien d'arbitraire ne paraît dans leur institution ; il n'est pas une cérémonie de l'Église de la terre qui n'ait sa raison d'être en parfaite harmonie avec les sentiments de sa sœur aînée, l'Église du ciel. Les pensées, les vouloirs de l'une et de l'autre s'unissent, s'échangent, se confondent et tendent toujours à un but unique : la plus grande gloire de Dieu par le salut des âmes.

Ainsi, par exemple, ce n'est pas sans un motif fondé que l'Église se plaît à célébrer la béatification d'un nouveau saint par les exercices d'un *Triduum*, c'est-à-dire par trois jours de fêtes solennelles. Qu'est-ce qu'un Saint, en effet, sinon une créature d'élite qui a su correspondre parfaitement aux grâces de Dieu et mettre à profit pour son salut éternel les trésors magnifiques dont la très-sainte et très-adorable Trinité avait gratuitement enrichi son âme? Oui, un saint est une grande merveille à l'accomplissement de laquelle les trois personnes divines se sont empressées de coopérer : Dieu le Père, par sa toute-puissance, a tiré du néant cette créature prédestinée ; Dieu le Fils l'a rachetée au prix de tout son sang versé sur la croix; Dieu le Saint-Esprit l'a sanctifiée de l'abondance de ses grâces. Désormais le regard de l'auguste Trinité se reposera sur ce chef-d'œuvre avec complaisance ; en lui elle se verra glorifiée, comme l'est un artiste en présence du marbre qu'il a fouillé de son burin et animé de son génie. Ainsi elle est glorifiée lorsque, le Bienheureux faisant son entrée dans le ciel, les chœurs séraphiques entonnent avec de nouveaux transports l'ineffable trisagion : « Saint, saint, saint est le Seigneur [1] ». Ainsi encore elle veut être glorifiée sur la terre; et voilà pourquoi l'Église pendant trois jours répétera comme un écho fidèle ce cri des cieux : « Saint, saint, saint est le Seigneur ».

C'était donc une très-heureuse pensée que celle de Mgr l'évêque de Poitiers, provoquant, autorisant, réglant dans ses points principaux la célébration d'un *Triduum* en l'honneur de la bienheureuse Françoise d'Amboise. L'ouverture des exercices devait se faire, comme nous l'avons dit, le 1er novembre, fête de la Toussaint. Nos

---

1. *Sanctus, Sanctus, Sanctus Dominus.*

lecteurs nous sauront gré de leur rappeler en détail ces délicieux souvenirs.

PREMIER JOUR.

Il y a parfois de frappantes relations entre les dates où les faits s'accomplissent et les faits eux-mêmes. On sait avec quel à-propos Mgr Pie sait ménager ces coïncidences qui donnent alors aux événements prévus je ne sais quelle couleur plus tranchée, quel charme plus saisissant. Ainsi, depuis le décret de béatification, c'était la première fois que l'Église mêlait le nom de Françoise à ceux de tous les saints dans la fête qui leur est spécialement consacrée. Évidemment, il y avait là une pensée, un souvenir bien capable d'accroître la piété des Thouarsais pour leur chère patronne.

Depuis une huitaine de jours, Monseigneur parcourait, dans le vaste doyenné de Thouars, les paroisses rurales qu'il n'avait pas encore eu la consolation de visiter. Ses doigts consécrateurs distribuaient aux fidèles le pain des forts et imprégnaient le front des enfants du chrême du salut; ses prières attiraient sur les familles les bénédictions du ciel; sa présence réjouissait les cœurs. Partout Sa Grandeur était accueillie de la part du clergé avec les sentiments d'une joie filiale et d'une sainte fierté; de la part des fidèles, c'était un concours, un empressement, une expansion bien capables de toucher l'âme de celui qui était l'objet de ces ovations spontanées et de ces vœux ardents.

Le matin du jour de la Toussaint, Monseigneur avait fait sa visite pastorale à la paroisse de Brion; le soir, il devait se rendre à Thouars, pour l'ouverture du *Tri-*

duum. Les habitants attendaient impatiemment sa venue, et l'on peut dire que les cœurs déjà palpitaient d'émotion : aussi l'espoir qui les animait leur faisait-il oublier et les teintes assombries du firmament et la brume épaisse qui voilait à la nature les rayons encore chauds du soleil d'automne. — A l'heure des Vêpres, 2 h. 1|2, Sa Grandeur, accompagnée de M. Samoyault, grand-vicaire du diocèse, descendait de voiture à la porte occidentale de l'église Saint-Médard, où l'attendaient M. l'archiprêtre et son clergé. La vaste nef était déjà remplie par la foule des fidèles. Après avoir, selon la cérémonie d'usage, répandu l'eau bénite sur les clercs agenouillés, Monseigneur pénétra dans le saint temple. Ce fut un moment solennel. Tout le monde se lève, les yeux empressés se tournent vers le prélat, un courant de haute admiration et d'attendrissement traverse l'assistance, et de toutes les bouches s'échappe un cri de joie, comprimé par le respect du saint lieu : Jamais, me disait quelqu'un, je n'avais trouvé Monseigneur aussi grand, aussi imposant. — C'était, en effet, plus qu'une stature d'homme, c'était la taille immense d'un confesseur de la foi ; c'était aussi la majesté imposante d'un Évêque qu'illumine l'Esprit-Saint de ses regards de sagesse et de science ; c'était l'inaltérable sérénité d'un front pur qui dénote les hommes de Dieu, qui reflète les saints.

Cependant les chantres entonnent l'antienne de la bienheureuse Françoise [1] : « *Le royaume des cieux est semblable à un marchand qui cherche de belles perles et qui, en ayant trouvé une de grand prix, a*

---

1. Simile est regnum cœlorum homini negotiatori quærenti bonas margaritas : inventa una pretiosa, dedit omnia sua et comparavit eam. Commun des saintes femmes, aux I^{res} Vêpres. Ant. *Magnificat*.

vendu tout ce qu'il a, et l'a achetée »; tandis que Monseigneur, distribuant de tous côtés ses bénédictions, s'avance vers le maître-autel pour y adorer le Très-Saint Sacrement. — Bientôt ensuite, le prélat sort de la sacristie, il porte solennellement la relique de la Bienheureuse et va la déposer sur un autel soigneusement orné, que l'on avait dressé pour la recevoir à l'entrée de la grille du chœur.

Autrefois, des ducs, des comtes, des princes puissants, amis ou alliés de la famille d'Amboise, avaient reçu sans doute sur leurs bras et couvert de baisers la petite Françoise encore au berceau. Aujourd'hui, c'est un Évêque, c'est un prince de l'Église qui porte entre ses mains les restes vénérés de cette enfant devenue Bienheureuse, et qui lui rend à genoux ses plus respectueux hommages.

Pendant cette pieuse cérémonie, les voûtes de Saint-Médard retentissaient du chant inaccoutumé de ce beau cantique [1] :

CHŒUR.

Chantons les combats et la gloire
Des saints nos illustres aïeux ;
Ils ont remporté la victoire,
Ils sont couronnés dans les cieux.
Thouars, jette un cri d'allégresse,
Françoise, ton illustre enfant,
Pour toi priera dans la détresse,
En retour d'un culte touchant.

1.

Françoise, enfant pieuse et bonne,
De ton âme, sur ton front pur

[1]. Composé pour les solennités de Nantes, ce cantique a reçu les modifications nécessaires pour être chanté aux fêtes de Thouars.

La beauté céleste rayonne
Ainsi que dans un ciel d'azur.
Vierge, ô toi que la grâce inonde,
Tu voudrais être toute à Dieu ;
Mais tu dois éclairer le monde,
Comme une lampe du saint Lieu.

2.

La cour dont Françoise est la gloire
Admire ses humbles vertus.
Là, son cœur, secret oratoire,
S'entretient seul avec Jésus.
Les infortunés sont ses frères ;
Oh ! comme ils aimaient à la voir !
Sa main soulageait leurs misères,
Sa voix leur donnait de l'espoir.

3.

Mais notre vie est une épreuve,
Les saints du ciel le savaient bien.
Trop jeune encor Françoise est veuve,
Où choisira-t-elle un soutien ?
Dieu bénit dans le mariage
Ceux qui sont à lui chaque jour,
Il bénit encor le veuvage
Sanctifié pour son amour.

4.

Aux biens qu'ici-bas l'on envie
Disant un éternel adieu,
Elle va consacrer sa vie
Au doux service de son Dieu.
Ainsi que Moïse en prière,
Elle élève ses mains au ciel,
Demandant et force et lumière,
Pour l'aveugle et faible mortel.

5.

Thouarsais, au nom de Françoise,
Ensemble tombons à genoux ;
A la bienheureuse d'Amboise
Disons de cœur : « Priez pour nous! »
De nos enfants parfait modèle,
Deviens leur patronne ici-bas ;
Et de chaque épouse fidèle
Soutiens d'en haut tous les combats.

6.

Enfant, vierge, épouse ou duchesse,
Veuve ou sœur humble du Carmel,
Que ton nom soit béni sans cesse
Et sur la terre et dans le ciel !
Dans le sein de Dieu tu reposes,
Le cœur d'amour tout enflammé ;
Fais parmi nous qu'en toutes choses
Dieu soit toujours le mieux aimé !

Quarante voix d'hommes et d'enfants mêlaient leurs accents mélodieux aux suaves accords de l'orgue habilement tenu par M. Chantaise, directeur de l'orphéon improvisé. — L'historien d'une fête comme celle que nous avons vue et que nous entreprenons de raconter a toujours une mission délicate à remplir. Il s'agit d'exprimer, au nom de ceux dont il se fait l'interprète, les sentiments de gratitude que méritent toutes les personnes qui ont prêté à la fête leur concours actif et désintéressé. — Que les enfants de sainte Cécile reçoivent donc ici nos remerciements les plus sincères pour le plaisir continu qu'ils ont universellement causé durant ces jours. L'exécution des morceaux n'a jamais rien laissé à désirer : les voix s'harmonisaient sans effort, on sentait que le cœur était de la partie. Les paroles surtout, mérite des plus rares, se détachaient avec autant de clarté que de précision. Tantôt pieuses et douces, tantôt sonores et enthousiastes, les modulations arrivaient aux oreilles attentives et pénétraient nos âmes. Féliciter un orphéon, c'est faire de son directeur le plus complet éloge.

Après le cantique triomphal, les vêpres furent chantées par M. l'abbé de Ligron; Monseigneur, assisté de plusieurs chanoines, tenait chapelle pontificale.

Les vêpres furent suivies du sermon. Sans nul doute les symphonies et les chants ont une part d'honneur dans nos solennités religieuses : elles procurent à nos âmes de si réelles délectations! Il s'en faut pourtant qu'elles y tiennent la première place, elles ne sont que relativement importantes. Au paradis seulement où règne le pur et inamissible amour de Dieu ; la joie des élus se traduira par le chant d'un éternel *Hosanna*. Sur la terre, le juste vit de la foi; or cette foi peut défaillir, cette foi peut s'obscurcir ; chez combien hélas ! n'est-elle pas éteinte ? Il faut donc, sur toutes choses, la réchauffer dans les âmes tièdes, l'entretenir dans les âmes justes, la ressusciter dans les âmes pécheresses ; et cela, par un langage qui s'inspire de la charité, par des accents qui empruntent à la divine grâce leur énergie et leur persuasive influence, « *fides ex auditu*[1] ».

Voilà pourquoi, au niveau, que dis-je ? au-dessus de la tribune d'où l'orgue répand ses flots d'harmonie sur nos têtes, se dresse la tribune sacrée, la chaire évangélique. C'est de là, comme d'un Thabor, que la parole de Dieu nous est annoncée avec une pleine autorité. Une seule voix se fait entendre, oui ; mais elle est mul-

---

1. *La foi vient par l'ouïe.*

tiple dans les notes qu'elle frappe. Ses vibrations nous atteignent, nous invitent, nous saisissent, nous pénètrent parfois malgré nous. Ces touches éloquentes, tantôt elles remuent nos âmes, suscitent le remords et brisent nos poitrines ; tantôt elles épanouissent nos fronts, captivent notre cœur, font couler nos larmes, nous entraînent au ciel.

O merveilleuse puissance de la parole quand elle est mise au service de la doctrine et de la vertu ! La parole du prêtre, c'est en quelque sorte le Verbe de Dieu se promenant sur ses lèvres, c'est la grâce du Saint-Esprit, c'est son souffle harmonieux passant par cet organe docile pour aller frapper les auditeurs. Toute fête religieuse qui n'est point animée par un verbe sacerdotal est incomplète et à peu près stérile pour le bien des âmes.

M. le curé de Saint-Médard n'avait pas hésité dans le choix de son prédicateur, et M. l'abbé Marais, curé-doyen de Neuville (archiprêtré de Poitiers), s'était empressé de répondre à une si honorable invitation. M. Marais avait déjà recueilli bien des gloires dans la chaire sacrée : sa réputation s'était étendue par-delà les bornes de ce diocèse; la métropole de Bourges avait retenti de ses accents, et telles furent alors les impressions reçues, que l'archevêque, Mgr de la Tour-d'Auvergne, daigna conférer à l'orateur poitevin les insignes du canonicat. — M. Marais en effet possède plus d'une des qualités qui font les grands orateurs. La nature du reste lui a ménagé ses faveurs : une taille élevée et imposante, un regard de feu, une voix sonore qui ne perd jamais rien ni de sa force ni de sa clarté. Sa mémoire prodigieuse lui permet d'étaler dans toute leur fraîcheur les richesses de style et de pensées dont il revêt ses discours. — Sa réputation l'avait précédé à Thouars, et certes ce n'est pas flatterie de dire que non-seulement elle s'y est maintenue, mais encore qu'elle y a grandi pendant ces trois jours.

Le premier discours fut donc donné à l'issue des vêpres de la Toussaint, en présence de Monseigneur. Tout d'abord l'orateur s'adresse à l'éminent prélat de qui il a reçu mission de parler; les sentiments débordent de son âme, et tandis qu'il les exprime, il jette, au nom de l'assistance dont il se fait l'interprète, cette parole surabondante de vérité : « Oui, Monseigneur, tous ceux qui sont ici vous aiment ». La sympathie de son auditoire qu'il avait si bien compris lui était dès lors acquise. — Puis, entrant en matière, il parle du bonheur des saints dans le ciel. Des preuves extraites de la théologie, des réflexions fournies par les saints Pères, des textes de la sainte Ecriture viennent appuyer ses dires, éclairer ses pensées et convaincre les fidèles charmés d'entendre un si brillant langage.

Quand l'orateur fut descendu, l'orphéon chanta un motet de circonstance; chacune des paroles qui le composent sont un trait caractéristique de la vie de la bienheureuse Françoise, et par conséquent une louange que l'Esprit-Saint lui-même s'est chargé de composer[1]. —

---

[1]. « *Panem otiosa non comedit; venite, videte, filiæ Jerusalem. Quæsivit lanam et linum, et operata est consilia manuum suarum.* » Prov., 31, 27. — Ce motet est tiré des œuvres de M. l'abbé Moreau, professeur de rhétorique et organiste au petit-séminaire de Montmorillon. Ce maëstro poitevin est une illustration de plus ajoutée à celles de notre diocèse. Ses compositions musicales lui ont valu une prompte célébrité et lui ont fait un nom dans l'école de musique religieuse. La richesse des harmonies brille spécialement dans ses compositions. L'Académie de Sainte-Cécile de Rome le compte parmi ses membres d'honneur.

A la fin du motet, Monseigneur se rendit à l'autel pour la bénédiction du très-saint Sacrement. Parmi les chants que la liturgie romaine commande, un remarquable *Tantum ergo*, à trois parties, fut exécuté par l'orphéon. La pensée de l'auteur, M. Bruneau, avait été parfaitement interprétée.

Je ne sais rien qui, mieux que ces strophes sublimes du *Pange lingua*, prédispose les fronts à se courber, les âmes à s'ouvrir devant la bénédiction de Jésus-Eucharistie. Elle fut suivie du *Laudate* et de l'invocation trois fois répétée : « *Beata Francisca, ora pro nobis :* » bienheureuse Françoise, priez pour nous.

C'était la première fois que, autorisées par l'Église, les lèvres ardentes des Thouarsais invoquaient, en l'accompagnant des accords de leurs voix, le nom béni de leur sainte patronne. Je ne doute pas que la Bienheureuse n'ait accueilli avec complaisance cette prière publique, cette supplication glorieuse de tout un peuple dont elle voudra désormais protéger les destinées.

Tels furent les exercices qui remplirent la première journée du *Triduum*.

DEUXIÈME JOUR.

C'était le 2 novembre, la fête des Trépassés, jour des tendres souvenirs sur ceux qui ne sont plus, jour de deuil pour les survivants. Si éclatantes que fussent les décorations de l'église, si joyeuses qu'apparussent aux regards les lumières et les oriflammes se balançant dans l'air, rien ne pouvait faire oublier aux familles les devoirs sacrés qu'elles ont à remplir en cette lugubre solennité.

Le concours fut plus empressé que de coutume dans les églises, les tables de communion envahies par les affamés du pain des élus. Nul doute encore qu'aux prières exhalées de leur cœur, comme un parfum d'encens, vers le trône de Dieu, la bienheureuse Françoise n'ait uni ses propres suffrages, à l'effet d'incliner la divine miséricorde en faveur des pauvres âmes souffrantes du purgatoire.

Comme un nuage qui se pose momentanément devant l'astre-roi, mais s'éloigne bientôt pour ne nous en plus voiler les rayons, ainsi les ornements de deuil, le catafalque funèbre, les chants plaintifs disparurent à la fin de cette matinée, laissant de nouveau aux fidèles le spectacle des fêtes du *Triduum*, et leur permettant de reprendre le cours interrompu de leurs pieuses allégresses.

L'autel provisoire de la bienheureuse Françoise avait surtout leurs préférences; on peut dire que de continuelles visites marquaient tous les instants du jour; ils venaient là prier devant les reliques et la statue de la duchesse Carmélite. Cette statue est sortie des ateliers d'un mouleur Niortais, M. Vidiani. « C'est une résurrection douce et charmante pour les yeux, d'une femme que tous les historiens s'accordent à nous représenter comme ayant réuni à tous les attraits extérieurs ceux encore plus grands qui résultent d'un esprit cultivé et d'un cœur vertueux. Le visage est noble et pur; le front s'élève calme et assuré vers le ciel, le regard s'y plonge. Elle a déposé à ses pieds la couronne ducale, et placé sur sa tête l'humble voile des Carmélites. Plus que jamais elle est reine ; elle tient en sa droite une branche de lis, en guise de sceptre ; son corps est enveloppé dans les plis d'un manteau ; et de sa main gauche à ses pieds descend une banderolle sur laquelle on a écrit cette devise, qu'elle allait sans cesse répétant : « *Faites sur toutes choses que Dieu soit le mieux aimé*[1] ». — Ah! oui, que de genoux se sont pliés devant cette douce et sainte image! Que de pieux baisers se sont attachés durant ces jours à ce gracieux reliquaire! — Les ombres de la nuit enveloppaient la cité, quand nous arrivions, nous aussi, pèlerin trop heureux et empressé de rendre nos hommages à la Bienheureuse. La lueur tranquille de la lampe, placée sur le devant de son autel, frappait les parois du reliquaire et les lettres d'or dont se compose la maxime favorite de Françoise. Quelques personnes, volontairement attardées, se trouvaient là encore, roulant leurs chapelets sous leurs doigts, causant du cœur avec la sainte patronne, et lui faisant instances pour obtenir les prémices de ses faveurs.

Bientôt les cloches de Saint-Médard s'ébranlent : jamais peut-être leur voix imposante n'avait eu plus d'autorité pour convoquer les fidèles. A 7 heures, l'église était comble comme la veille; le chœur entièrement rempli par les hommes; dans les stalles avaient pris place un bon nombre d'ecclésiastiques étrangers, venus à l'appel de leur évêque. Les prêtres surtout que Thouars a vus naître étaient accourus des premiers. Enfants du pays de la Bienheureuse, ils s'étaient crus obligés de lui payer, et par leur présence et par leurs prières et par leurs chants, un ample tribut de grati-

1. De Kersabiec. Relation des fêtes de Nantes.

tude durant les exercices du *Triduum*, mais spécialement le jour de la fête [1].

A 7 heures précises, l'orphéon était à son poste, et les voix pleines de fraîcheur ouvraient l'exercice religieux par le chant de la veille : « Chantons les combats et la gloire ».

L'orateur monte en chaire. Hier, il a parlé de la gloire et du bonheur des saints; la solennité lui imposait le choix de son sujet. Aujourd'hui, il se demande comment se fait un Saint. Les paroles de son texte nous font pressentir la réponse : *Beati qui lugent.* « Bienheureux ceux qui pleurent ! » a dit Notre-Seigneur Jésus-Christ [2]. Le secret de la sainteté, ce sont les larmes, expression la plus ordinaire et la plus vive de la souffrance. Souffrir, voilà le mot de Dieu jeté à l'homme qui prend quelque souci de son salut éternel. Souffrir, voilà la réponse du ciel à la terre cherchant une solution sur les destinées de la pauvre humanité. Écrivez,

---

[1]. On trouvera bon que je cède au plaisir de les nommer, car c'est bien du prêtre que l'on peut dire qu'il est la gloire de son pays natal, « *Tu lætitia Israël* », comme il est la félicité du peuple confié à sa vigilance. D'ordinaire, la foi d'une contrée, d'une paroisse se mesure par le nombre de ses lévites. Plusieurs des nôtres occupent dans le diocèse des postes importants. C'étaient : MM. Cochard, archiprêtre de Parthenay; Richard, curé doyen de Moncoutant; Caffin, curé doyen de Monts; Devielbauc, ancien aumônier de la prison de Poitiers, des Carmélites de Poitiers et des Carmélites de Niort, retiré maintenant dans sa terre de Cersay (doyenné d'Argenton-Château); Béranger, curé de Magné; Mélier, curé de Saint-Cyr-la-Lande; Chaigneau, curé de Glenouze; Bernard, curé de Saint-Étienne-la-Cygogne. MM. Dauphin, curé doyen de Lussac-les-Châteaux; Doralle, curé de Saint-Lin, et le R. P. Caffin, jésuite, n'ont pu prendre part à la joie commune.—Nous aurions été heureux d'ajouter à cette liste d'autres noms vénérés de saints prêtres Thouarsais, tels que ceux de MM. Georget, Mauberger, etc. La mort les a trop tôt ravis à l'estime et à l'affection de leurs concitoyens.

[2]. S. Matth., v, 5.

discourez, philosophes, sur le prétendu bonheur de l'homme, il n'est pas de ce monde ; son bonheur, comme son royaume, est au ciel. Conjurez ensemble contre le Christ pour faire mentir sa parole ; vous passerez avec vos œuvres de pestilence, et la parole du Christ demeurera dans la plénitude de la vérité : l'homme ici-bas doit souffrir, et la souffrance est son partage, parce qu'il l'a méritée par le péché. Si dure que soit la loi, c'est la loi : *Dura lex, sed lex* ; il faut ou la subir ou l'accepter. Donc, avec vos théories creuses, illusoires, décevantes, sur la jouissance, sur le bien-être de l'homme, théories dont 6,000 ans d'expérience devraient avoir fait justice, vous trompez le peuple ignorant, crédule ou passionné, vous le jetez brutalement hors la voie, vous le rendez malheureux, vous creusez sous ses pieds des abîmes, en lui enlevant jusqu'à cet espoir divin que ses larmes, ses souffrances chrétiennes doivent être le fondement principal, unique de la félicité éternelle.

Oui, mes Frères, vous avez tous autour de vous, chez vous, en vous, les éléments constitutifs du vrai bonheur, du bonheur des élus, parce que vous avez la souffrance pour partage ; c'est un pain quotidien qu'il vous faut, bon gré mal gré, dévorer en l'arrosant de vos sueurs ou de vos larmes. Riches, au sein de l'opulence, couchés sur des monceaux d'or, assis à vos tables somptueuses, vous souffrez ; la douleur envahit vos âmes : vous avez de poignantes déceptions dans les honneurs que vous convoitez, des épines sanglantes dans les jalousies que vous suscitez, des amertumes de cœur dans les affections qui vous fuient ; vous souffrez, parfois horriblement, et vous êtes plus malheureux que l'esclave attaché à la glèbe, alors même que l'on envie votre félicité.

Pauvres, vous souffrez aussi, d'une autre façon que le riche, c'est vrai, mais enfin c'est la souffrance qui vous visite avec son inévitable cortége de craintes, d'ennuis, de désolation, j'allais dire de désespoir. Ah! si vous étiez chrétiens, vous béniriez la main qui distribue les peines, vous trafiqueriez du ciel avec vos larmes, vous seriez des saints par l'offrande généreuse des afflictions dont votre âme est abreuvée. Ah! si au lieu d'écouter ces prophètes de mensonge, ces littérateurs impies, ces feuilletonistes immoraux, ces prétendus amis de l'humanité dont ils ne sèchent pas une larme, dont ils n'adoucissent pas une angoisse (et comment le pourraient-ils, ces honnêtes gens sans pratiques religieuses?), si, dis-je, vous écoutiez la voix de l'Église, votre mère, de l'Église qui est sainte, parce qu'elle fait profit de ses souffrances et de ses larmes, vous seriez heureux jusque dans les épreuves inséparables de la vie, vous assureriez à votre âme la possession du ciel pour lequel seul elle a été créée.

Qui donc, à sa naissance, eut jamais en perspective un destin plus heureux que celui de Françoise d'Amboise? Et pourtant, elle a beaucoup pleuré, beaucoup gémi, beaucoup souffert ; mais elle a sanctifié ses sacrifices et ses pleurs en les offrant au Dieu qui les récompense un jour [1].

---

[1]. Comme je n'avais nulle intention d'écrire ce compte rendu, je n'ai pris aucune note de ce discours. Les pensées que je viens d'émettre peuvent donc ne pas avoir une parfaite analogie avec celles du prédicateur. Dans ce cas, je le décharge de toute responsabilité.

Les hommes qui, en général, se préoccupent peu de dévotion, se donnent assez souvent, on le sait, le malin plaisir de critiquer celle des femmes. Eh bien ! ne leur en déplaise, j'affirme que tous ceux qui étaient présents dans le chœur de Saint-Médard ont fait, vis-à-vis de la parole de Dieu et du prédicateur, l'acte le plus complet de dévotion que j'aie jamais vu. Il ne m'est pas possible de dire combien leur attention fut soutenue ; je lisais sur leurs visages toutes les émotions de leurs âmes. C'est à ce point que l'orateur ayant, après sa première partie fort longue, demandé permission de se reposer un peu, je n'ai pas aperçu un seul regard tomber, pas un membre se mouvoir, pas une agitation se produire. « Pourquoi vous arrêtez-vous ? » paraissait-on dire à l'orateur, pour lequel ce moment de silence m'a semblé valoir un triomphe. J'ai vu cela, je l'ai admiré, et je tiens à en féliciter qui de droit.

Cependant, Monseigneur avait successivement visité, dans la journée, les paroisses de Louzy et de Saint-Martin-de-Mâcon. Sa Grandeur, qui le matin avait été chaleureusement accueillie, comme toujours, par l'honorable M. Baillou de la Brosse, recevait l'hospitalité la plus empressée au château de Magé, où la famille de Piolant continue les traditions de noblesse et de vertus que lui ont léguées ses ancêtres [1].

---

1. M. le vicomte Antonin de Piolant est neveu de Mgr d'Aviau du Bois-de-Sanzay. Charles-François d'Aviau naquit le 7 août 1736, au château du Bois-de-Sanzay. Reçu docteur en théologie, il fut nommé chanoine à la collégiale de Saint-Hilaire de Poitiers, ensuite au chapitre de la cathédrale, et grand-vicaire du diocèse. Archevêque de Vienne en 1789, il dut s'exiler trois ans après : d'abord dans la Savoie, à Annecy, puis en Suisse, à Notre-Dame-des-Ermites, et enfin à Rome. En 1800, le *saint archevêque*, comme se plaisait à l'appeler le pape Pie VI, rentra secrètement en France où il exerça son ministère au mi-

M. l'abbé Richard, curé doyen de Montcoutant, fut invité à donner la bénédiction du très-saint Sacrement, après laquelle on entonna la triple invocation : « *Beata Francisca, ora pro nobis* : *Bienheureuse Françoise, priez pour nous* ». Hier, les chantres du chœur et de la tribune l'avaient fait entendre, cette douce invocation; mais ce soir et les jours suivants, les fidèles unissaient aussi leurs voix de toutes les parties de l'église. C'était d'une émouvante piété.

Le second jour du *Triduum* avait reçu sa clôture.

TROISIÈME JOUR.

Le caractère de cette journée fut semblable à celui de la précédente. Durant ces heures tranquilles, j'avais personnellement eu le loisir de satisfaire non moins la curiosité de mes yeux que celle de ma piété, en admirant les décorations de l'église Saint-Médard[1]. Il me

---

lieu de mille persécutions. Nommé après le Concordat, en 1803, archevêque de Bordeaux, il mourut le 11 juillet 1826, père des pauvres, laissant à ses héritiers le soin de payer ses funérailles. Son cœur, comme il l'avait désiré, fut déposé dans l'église de Saint-Hilaire de Poitiers.

1. Il est certain que l'église primitive de Saint-Médard a été bâtie par les vicomtes de Thouars. La nouvelle construction date de la fin du XIVe siècle. Son unique nef, d'une largeur considérable, 17 mètres, est précédée d'une façade dont la première zone est du plus riche roman fleuri de la seconde période du XIIe siècle. Cette façade, dont l'étage supérieur a été refait au XVe siècle, annonce, par sa disposition, qu'elle servait d'entrée à une église à trois nefs, peut-être gravement endommagée lors du siége de Thouars, par Duguesclin, en 1372. Ceci est d'autant plus probable que l'église de Saint-Médard se trouve située près des anciens remparts du sud. L'intérieur actuel fut rebâti vers cette époque sur un plan nouveau. L'architecte conserva les murs latéraux de l'ancienne église, on peut les voir encore ; mais il supprima les deux rangs de colonnes du milieu, se contenta d'augmenter à l'intérieur l'épaisseur des contre-forts, et couvrit toute la largeur de l'édifice primitif d'une nef unique dont la physionomie toute particulière impose l'ad-

sembla que la description de ce ravissant panorama réclame ici impérieusement sa place. Hâtons-nous de le faire, en attendant que l'airain sacré nous convoque à l'exercice de 7 heures; demain, le temps nous manquerait absolument.

J'ai parlé tout à l'heure de gratitude comme d'une dette sacrée qui obligeait l'écrivain. Pensez-vous, cher lecteur, qu'elle ne soit pas due à Mme la vicomtesse de Lamote-Baracé, qui a fourni la majeure partie des ornementations de Saint-Médard? Du fond de son château de la Graffinière, canton de Baugé (Maine-et-Loire), cette vertueuse dame s'est sentie inspirée de faire une collection prodigieuse de bannières, d'oriflammes, de médaillons, de lustres, etc. Tous ces objets ont du prix; en particulier les douze bannières brochées d'or et d'argent sont des peintures parfaitement soignées et d'une grande valeur. Or, dès qu'une fête se prépare en Anjou (elles y sont fréquentes et parfaitement organisées), le curé de la paroisse en écrit à Mme de Lamote, qui aussitôt se fait un bonheur de faire parvenir à destination les caisses, dont elle va jusqu'à prendre à sa charge les frais de transport. Il est aisé de comprendre quels immenses services le zèle de la pieuse vicomtesse rend aux églises, à qui elle évite des dépenses considérables; quelles douces joies elle procure aux fidèles, quelle gloire enfin les saints honorés de cette sorte en reçoivent au milieu de nous!

---

miration. Le corps de ce monument religieux a des membres très-robustes et très-réguliers. Il manque peut-être d'élévation en raison de son étendue. — Plus tard, au XVIe siècle, Gabrielle de Bourbon ajouta la jolie chapelle Saint-Louis qui se trouve sur le flanc nord de l'édifice. — Depuis quelques mois, des restaurations nécessaires y sont entreprises sous l'intelligente direction de M. Davian, architecte.

Mon Dieu ! que vous avez donc encore sur la terre de belles âmes à votre service !

Bien que M⁻ de Lamote ne dispose de ses décorations qu'en faveur des saints d'Anjou, cependant elle s'empressa de répondre affirmativement à la lettre de demande que lui en fit M. l'archiprêtre de Saint-Médard. Mais ces décorations étant encore insuffisantes pour couvrir les murs de la basilique, on avait dû en préparer d'autres et les disposer toutes avec ensemble.

Que chacune des personnes qui ont prêté le concours de leur intelligence, de leur aiguille ou de leurs ciseaux, reçoive, au nom de la paroisse entière, nos meilleures félicitations. Leurs anges gardiens n'auront pas manqué d'inscrire ce beau dévouement, auquel Messieurs les curés de Thouars sont du reste assez habitués.

Entrons maintenant dans le saint temple et examinons en détail ces œuvres gracieuses de l'amour et de la piété.

Tout d'abord, constatons ceci : c'est que peu d'églises dans le diocèse présentent une disposition plus favorable à la célébration de pareilles solennités. La vaste nef de Saint-Médard se prête admirablement à recevoir ces gracieux décors, et les jours abondants de l'édifice en font ressortir toutes les nuances. Huit écussons entremêlés d'oriflammes multicolores sont appendus aux orgues, à la tribune et autour de la rosace intérieure de la façade occidentale. Ces écussons portaient, tantôt séparées, tantôt réunies sur un même fond, les armoiries d'Amboise, de Thouars et de Bretagne[1]. Plusieurs

---

1. *Amboise* : Pallé d'or et de gueules de six pièces.
Thouars : D'or, semé de fleurs de lis d'azur, au franc quartier de gueules.
Bretagne : Hermines sur fond d'argent.

autres, appartenant à différentes cités bretonnes, Nantes, Ancenis, etc., ont aussi là leur place réservée. Les piliers sur lesquels repose l'imposante voûte de Saint-Médard ont reçu parallèlement des décorations splendides et d'une variété charmante. Je distingue les piliers par le nom des autels qui leur sont intérieurement adossés. — A sainte Néomaye et à saint François, des attributs d'évêques ; à sainte Radegonde, le chiffre de Notre-Seigneur, et à saint Charles Borromée, le chiffre de la sainte Vierge ; aux trois Marie, un Agnus Dei, symbole du sacrifice, et à saint Roch, un pélican, symbole de l'amour ; à saint Paul, les armes du Pape, et à saint Pierre, une devise au-dessus de la chaire ; enfin, à saint Nicolas et à sainte Marie-Madeleine, un groupe de trois bannières. Longues de 4 m. sur 2 m. 50 de largeur, ces bannières représentent des Anges portant en mains les divers instruments de la Passion de Notre-Seigneur Jésus-Christ. — L'intérieur des petites chapelles est à son tour tapissé d'oriflammes réunies en faisceaux et de grandes rosaces au chiffre de la bienheureuse Françoise, avec ces inscriptions : « Enfant de Thouars, protectrice « de Thouars, etc., priez pour nous ». Dans la chapelle Saint-Louis, vous remarquerez une bannière taillée sur de larges proportions, elle porte les armes de Mgr l'évêque d'Angers. Des lustres brillants sont suspendus devant le maître-autel ; à droite et à gauche, au dessus des portes de la sacristie, on voit quatre autres bannières figurant, comme les précédentes, des Anges avec les instruments de la Passion. Un écusson, portant les armes de Françoise d'Amboise, repose au piédestal de la statue de sainte Marie-Madeleine, placée sur l'immense rétable contre lequel s'appuient les trois autels de saint

Médard, de la sainte Vierge et de saint Joseph ; tandis qu'au piédestal de la statue de saint Jean repose l'écusson portant les armes de la ville de Thouars. Enfin, au chevet de la basilique et au-dessus du rétable, qui en est séparé par une distance de plusieurs mètres, s'élancent deux courants d'arabesques : l'un, plus petit, encadrant le vitrail de cette façade orientale ; l'autre, plus grand, bordant la voûte dans tout son contour et portant, découpée en riche mosaïque, la devise abrégée de la Bienheureuse : « Faites que Dieu soit le mieux aimé ». Entre ces deux larges bandes, nous voyons suspendues des armoiries parfaitement dessinées : ce sont, du côté de l'Évangile, celles du Souverain-Pontife[1], de Mgr de Poitiers[2] et de Mgr d'Angers[3] ; du côté de l'Épître, celles de NN. SS. de Moulins[4] et d'Angoulême[5], et de l'abbé de Ligugé[6]. Tous ces blasons sont gracieusement soutenus par des Anges et ornés d'oriflammes qui les encadrent avec élégance.

Ainsi que l'on en peut juger, un discernement artistique avait présidé à la disposition de ces décors. Chacun d'eux se trouvait en son lieu, sans gêne, sans confusion : quelle place que l'on occupât à l'église, par quelle porte que l'on y fît son entrée ou sa sortie, toutes ces beautés religieuses attiraient l'attention, sa-

---

1. Écartelé, au 1 et au 4 d'azur au lion d'or ayant la patte posée sur un globe du même ; au 2 et au 3 d'argent à deux bandes de gueules.

2. D'azur à la Vierge de Chartres d'argent, portée sur une colonne du même, à la tête de Maure.

3. D'azur à la croix et à l'ancre d'argent en sautoir.

4. D'azur au chevron d'or, accompagné en chef de deux roses d'argent, et en pointe d'une ombre de soleil d'or.

5. De sinople, semé d'étoiles d'or et de billettes d'argent.

6. D'azur à la colombe d'argent becquée et membrée de gueules, portant en son bec un rameau d'olivier d'or.

tisfaisaient le regard, commandaient un élan du cœur, une prière.

Mais les cloches de Saint-Médard nous font entendre leurs voix autorisées. Jamais indiscrètes, elles ne parlent que sur l'ordre du pasteur qui, au nom de Dieu, convoque ses ouailles soit pour nourrir leurs âmes par la sainte communion, soit pour éclairer leur intelligence par la parole sacrée. C'est, en effet, l'heure de la réunion du soir : allons, hâtons-nous de prendre nos places ; aussi bien sont-elles rares, même impossibles à trouver pour les retardataires. Tant il est vrai que les fidèles Thouarsais, depuis trois jours, ne peuvent se rassasier ni du spectacle de nos fêtes, ni des accords de nos chants, ni surtout de la parole sainte qui leur est distribuée avec tant de plénitude et de zèle.

L'exercice fut ouvert par une cantate en l'honneur de la bienheureuse Françoise. Les paroles, composées par M. l'abbé Roblin, vicaire d'Oyron, étaient appliquées à une mélodie due à l'inspiration du R. Père Basuiau, jésuite.

CHŒUR.

Vieille cité, tressaille d'allégresse,
Ouvre les murs à ta plus noble enfant,
Et de ta foi retrouvant la jeunesse
Pour la fêter entonne un nouveau chant.
Prosternés tous au pied de son image,
Nous, les enfants, nous voulons la bénir :
O Bienheureuse, accepte l'humble hommage
De tant de cœurs heureux de te chérir.

I.

Vois cette foule ardente et recueillie,
Elle est venue honorer ton berceau ;

Pour recevoir ta relique bénie
Elle prépare un triomphe nouveau.
A ces transports reconnais ta famille
Qui te demande aujourd'hui de l'aimer,
Et qui salue en toi l'illustre fille
De ce pays que tu dois protéger.

2.

En t'acclamant nous oublions la terre,
Nos cœurs émus brûlent de saints désirs ;
Sans la vertu tout bien n'est que misère
Et rien ne vaut les célestes plaisirs.
Ton noble front portait une couronne ;
Tu la quittas pour suivre ton Sauveur ;
Et maintenant son autel est le trône
Où tu reçois nos vœux et sa faveur.

3.

Obtiens aux cœurs chrétiens qui te vénèrent
Qu'auprès de toi, bienheureux dans le ciel,
Ils aiment Dieu ; par toi qu'ils le révèrent,
Sans l'offenser dans ce séjour mortel.
En contemplant la châsse où tu reposes,
Dans ses combats se sentant ranimé,
Chacun voudra « *faire sur toutes choses
Que Dieu* triomphe et *soit le mieux aimé* ».

Le prédicateur avait parlé du bonheur de Françoise d'Amboise dans la cité des élus ; ensuite il nous avait prouvé que la seule voie qui conduit au ciel et fait les saints de premier ordre est la voie du Calvaire, de la souffrance et des larmes : *Beati qui lugent.* Il ne restait plus qu'à faire l'application de ces principes sublimes à la personne de Françoise ; il fallait montrer comment sa vie entière avait été l'application directe, la mise en œuvre excellente de ce précepte divin : *Estote perfecti* [1] : soyez parfaits. Ce panégyrique de la Sainte, M. l'abbé Marais avait eu l'honneur de le prêcher l'année précédente, 12 novembre, aux fêtes consacrées par le Carmel de Poitiers à célébrer la récente et commune béatification de trois de ses filles : Françoise d'Amboise, Archangela et Marie des Anges.

Nous ne ferons point l'analyse de ce discours dans lequel l'orateur a passé en revue les principaux épisodes de la vie de la Bienheureuse. Enfant, jeune fille, épouse, duchesse de Bretagne, veuve ou Carmélite, Françoise s'est toujours montrée semblable à elle-même ; toujours ce beau visage a rayonné l'innocence, cet esprit supérieur la sagesse, ce grand cœur la charité, cette auguste personne la sainteté. Tout le monde pourra lire, dans l'histoire de la Bienheureuse, ces intéressants détails qu'aucun Thouarsais, je crois, ne voudra désormais ignorer.

L'orateur accompagnait le récit de ces épisodes de réflexions pleines de justesse, de raisonnements philosophiques, d'aperçus nouveaux et ingénieux, embellis par un style plein de lucidité et de fraîcheur. Voici le compte-rendu qu'en donnait la *Semaine liturgique* de Poitiers :

« M. l'abbé Marais a fait le panégyrique de Françoise d'Amboise. Toutes les voix sont unanimes pour dire que l'ensemble de son discours était un beau morceau d'éloquence. Certains passages rappelaient le grand style et les grands mouvements des plus célèbres orateurs du XVIIe siècle. »

[1]. S. MATTH., V, 48.

Plus heureux que la veille, l'orateur parlait ce soir en présence de Mgr l'évêque de Poitiers. Après avoir donné la Confirmation dans les paroisses d'Argenton-l'Église et de Mauzé, Sa Grandeur était venue recevoir au château l'hospitalité que lui avait offerte le vénéré Supérieur. A l'ouverture du *Triduum*, le premier mot du cœur de M. l'abbé Marais avait été pour Monseigneur : sa dernière parole devait s'adresser au prélat à la fin des pieux exercices ; il sut la dire avec autant de délicatesse que de sentiment.

La bénédiction du très-saint Sacrement nous fut ensuite donnée par M. l'abbé Richard, grand-vicaire de Nantes. Mgr de Poitiers, on s'en souvient, avait député MM. de la Terrière et Métayer aux fêtes magnifiques que Nantes avait organisées pour célébrer sa très-glorieuse duchesse [1] ; en retour, Mgr de Nantes, retenu dans son diocèse par la mauvaise santé, avait voulu se faire représenter aux solennités de Thouars, moins grandioses peut-être, mais accomplies certainement avec autant de chaleur, de piété et d'enthousiasme.

Si tel a été le prélude de la fête, que sera donc la fête elle-même ? Cher lecteur, ne le devinez-vous pas ? — Je vous laisse sous l'impression de vos douces espérances. Le *Triduum* a reçu sa clôture définitive : à demain.

1. Par une ordonnance de Mgr Jacquemet, un *Triduum* solennel a été célébré dans l'église cathédrale le 1er dimanche après Pâques, 29 avril et les deux jours suivants.

CHAPITRE V.

LA FÊTE.

Pendant les jours bénis du *Triduum*, la joie et la piété, comprimées dans le saint temple, n'avaient pu se produire que sous l'œil de Dieu. Elles sentaient le besoin de franchir ces limites sacrées, de se manifester au dehors : en un mot, de s'épancher sans contrainte à la face du ciel et de la terre.

Avant que les premiers rayons du soleil vinssent frapper les donjons du château et le sommet de nos collines; avant que, à travers le feuillage des vergnes qui bordent le Thouet, nos petits oiseaux eussent entonné leurs refrains d'automne, les rues de la cité s'animaient sous les pas de ses habitants ; les femmes achevaient de tresser les guirlandes, de composer les bouquets de fleurs artificielles, d'apprêter les oriflammes......, travaux que leurs mains délicates avaient entrepris la veille et les jours précédents. De leur côté, les hommes, ouvriers intelligents et dévoués, dressaient les colonnes de buis, montaient les arcades de mousseline et de verdure et suspendaient les bannières.

Déjà, de longues banderolles aux couleurs variées, arborées sur la porte au Prévôt [1], flottaient dans l'espace,

---

1. Ce magnifique monument du XIIIe siècle, le plus imposant, sans contredit, de la province du Poitou, se compose de deux tours adossées l'une à l'autre, dans le genre de celles de la Bastille, flanquées chacune d'un pavillon qui les arc-boute. La lanterne dont la voûte était couverte est tombée de vétusté. Autrefois ce vieux donjon possédait une cloche chargée de signaler la présence de l'ennemi. La voûte de l'édifice a 6 mètres

et offraient au spectateur matinal le plus charmant coup d'œil. Tandis qu'un bon nombre d'étrangers, arrivés dès la veille, se reposaient de leurs fatigues, les autres débouchaient par les différentes portes de la vieille cité des ducs d'Amboise. Les habitants des campagnes formaient naturellement la majeure partie des curieux et des pèlerins ; et certes, ce n'était ni la moins intéressante ni la moins digne. Grâce à Dieu, le luxe effréné des villes, l'intempérance, les plaisirs que la religion condamne, n'ont pas encore envahi tous les foyers de nos paroisses rurales. Des habitudes de travail et de sobriété, des mœurs tranquilles, concourent puissamment à maintenir à son niveau la foi de nos religieux paysans. En général, les hommes sont grands et doués de robuste constitution ; les femmes ont une physionomie ouverte, avec des reflets de modestie et de vertus domestiques qui les caractérisent.

Cependant, d'heure en heure, Thouars se grossissait de nouvelles phalanges de pèlerins. Il se produisait ici quelque chose de semblable à ce qui se passait au couronnement de Notre-Dame-la-Grande, à Poitiers :
« Toutes les routes aboutissant à la cité sont sillonnées
« en même temps et par les riches équipages qui con-
« duisent dans nos murs les représentants des pre-
« mières familles seigneuriales du Poitou, et par les
« modestes véhicules qui transportent les simples arti-
« sans des localités voisines, tous jaloux d'occuper leur
« place au cortège de la bienheureuse Françoise... Les
« abords de la ville sont encombrés ; la circulation qui

d'épaisseur ; on voit dans les jambages plusieurs coulisses destinées à lever et à abaisser la herse d'un pont-levis. La tour a longtemps servi de prison.

« devient de plus en plus gênée, surtout dans les rues
« où sont situés les hôtels, annonce assez que notre
« population s'est accrue d'un nombre prodigieux d'é-
« trangers [1]. » Encore que les marchands et les restau-
rateurs eussent eu la prudence de faire de nombreux
approvisionnements, il est vrai de dire qu'à une heure
de l'après-midi, les vivres manquaient partout : ces
personnes intéressées s'étaient étrangement trompées
dans leurs prévisions.

Or, après avoir pris maintes informations, nous n'hé-
sitons pas à porter à 15,000 le chiffre de la population
thouarsaise, en ce jour solennel. Combien il se fût
accru si, au lieu des voitures publiques de Loudun,
Saumur, Bressuire et Parthenay, insuffisantes pour tant
de voyageurs, les lignes de fer, avec leurs chars de feu,
avaient eu, jusqu'à Thouars, leurs communications si
désirables et depuis si longtemps attendues ! Il faut
bien le dire aussi : un ciel des plus sereins, un firmament sans nuages, un soleil d'or versant à souhait ses
rayons les plus chauds, étaient capables seuls d'entraîner
à la fête les moins décidés. Je ne sais, mais il me sem-
blait que les rayons de gloire de la Bienheureuse venaient ajouter encore à la splendeur de l'astre-roi.

Des ecclésiastiques, venus de tous les coins du diocèse, foulaient, d'un pas religieux, le sol natal de la
Bienheureuse. On ne saurait compter le nombre des
messes qui, ce matin-là, furent célébrées : ce que je
puis dire, c'est que, dans les églises et dans les chapelles de communauté, des prêtres furent obligés d'attendre jusqu'à neuf et dix heures avant d'avoir pu célé-

---

[1]. Relation du couronnement de Notre-Dame-la-Grande.

brer les saints mystères. Du reste, des communions abondantes s'y distribuaient, d'abord aux pieux fidèles dont c'est la félicité de se nourrir chaque jour ou fréquemment du Pain de vie, sans en être rassasiés jamais; ensuite, aux enfants qui se préparaient à recevoir le sacrement de confirmation, dans l'église autrefois abbatiale, maintenant paroissiale de Saint-Laon. Le vénérable pasteur qui la gouverne depuis 30 ans a conquis l'estime de tous ceux qui l'entourent : sa piété solide, éclairée, a toujours entretenu dans la paroisse des habitudes religieuses que l'institution récente de la confrérie du très-saint Rosaire va développer encore. Son zèle pour la maison du Seigneur est parvenu, malgré des difficultés dont sa patience sut triompher, non-seulement à consolider son église qui menaçait ruine en plusieurs endroits, mais encore à la rendre, par des restaurations pleines du meilleur goût, l'un des plus curieux sanctuaires de notre Poitou [1].

C'était la première fois que M. l'abbé Romain avait l'honneur de recevoir Mgr l'évêque de Poitiers dans son église. A neuf heures, Sa Grandeur, accompagnée du R. P. Poulier, oblat de Saint-Hilaire et maître des cérémonies, gravissait les escaliers de la porte occidentale,

---

1. Saint-Laon, ancienne abbaye d'Augustins, fondée au XIIe siècle, est remarquable par sa tour romane, un des plus beaux spécimens du Poitou, et par sa longue nef à peu près reconstruite dans sa partie basse au XVe siècle. A cette époque aussi, Marguerite d'Ecosse, femme de Louis XI, alors Dauphin, y fit construire, pour sa propre sépulture, une belle chapelle qui depuis peu sert de sacristie. La direction des travaux entrepris par M. l'abbé Romain avait été confiée à un très-savant architecte de Niort, M. Segrétain, de si bonne et si regrettable mémoire. Nous savons pertinemment que toutes ces restaurations ont été faites suivant les règles les plus exactes, les plus scrupuleuses de l'art. — Si cette parole peut réconcilier les Thouarsais avec le clocher de Saint-Laon qu'ils estiment être trop surbaissé, j'en serai content.

et recevait, sous un bel arc de triomphe, les compliments d'usage que lui adressait M. le curé. Le prélat daigna répondre, entre autres choses, qu'en témoignage de sa joie, il reviendrait de nouveau et assez promptement consacrer l'autel du très-saint Rosaire.

Je ne dirai rien des cérémonies de la confirmation donnée aux enfants des deux paroisses réunies, ni du déjeuner offert, dans la cure de Saint-Laon, à NN. SS. les évêques de Poitiers et d'Angoulême, ainsi qu'aux ecclésiastiques qui accompagnaient Leurs Grandeurs : ce serait m'éloigner de mon sujet. Aussi bien dois-je m'apercevoir que le soleil est au milieu de sa course ; les foules grossies se coudoient, se pressent, se heurtent dans les rues trop étroites de la cité. Les tambours battent aux champs et convoquent la belle compagnie des sapeurs-pompiers : les membres de la société chorale et les musiciens, avec leurs instruments, s'acheminent au rendez-vous qui leur est assigné. De toutes parts, un indicible chorus d'exclamations de joie, de surprise, frappe les oreilles. C'est une admirable confusion.

Et pourtant, ce n'est pas encore la fête.

Elle va s'ouvrir !!! Le signal en est donné par les cloches sonnant à toutes volées : elles aussi, sans doute, sont pleines d'allégresse, et veulent saluer la venue de ces populations chrétiennes, non moins que l'arrivée de Nos Seigneurs les évêques qui s'avancent, mêlés à la foule, vers l'église Saint-Médard.—J'ai dit : « Saluer les populations » et non les convoquer ; car, longtemps avant l'heure des vêpres, elles affluaient dans l'enceinte sacrée : l'air y était épais, la chaleur étouffante ; c'était un siége en règle qu'il fallait entreprendre ou soutenir pour arriver à sa place ou pour la protéger. Le chœur était rempli d'hommes ; les stalles, évacuées d'office, occupées par une partie des ecclésiastiques; d'autres prêtres étaient allés s'asseoir sur le rétable, je veux dire sur le plancher, heureusement solide, qui le sépare de la muraille : vous eussiez dit de blanches apparitions se mêlant aux anges adorateurs du sacré tabernacle !..... Beaucoup avaient pris le parti, faute de mieux, de garder debout le poste qu'ils tenaient à conserver.

Les grandes orgues déploient leurs voix puissantes : les évêques font leur entrée au chœur. Mgr Pie préside l'office des Vêpres : assis sur un trône préparé à côté de l'autel de la sainte Vierge, il est assisté de M. l'abbé Samoyault, de MM. de Ligron et de Briey, chanoines, et de plusieurs prêtres qui s'honorent de porter les insignes de Sa Grandeur.

Au sanctuaire, la première place est occupée par Mgr Cousseau, évêque d'Angoulême. « C'est l'église de Poitiers qui l'a donné au siége de Saint-Ausone. Il est né parmi nous; il a vécu parmi nous. Pendant plusieurs années, supérieur du grand-séminaire, il a dirigé dans la double voie de la science et de la piété plusieurs générations de prêtres, qui lui en garderont toujours dans leur cœur un impérissable souvenir [1] ».

Après lui, vient Dom Léon Bastide, abbé de Ligugé. Les liens étroits qui unissaient saint Martin, moine de Ligugé, et saint Hilaire, évêque de Poitiers, sont loin d'être brisés ; ils unissent encore leurs illustres successeurs, et demeurent ainsi vivants parmi nous, après

---

1. Relation du couronnement de Notre-Dame-la-Grande.

quinze cents ans écoulés. Tous les sentiments dont palpite le grand cœur de l'évêque rencontrent les plus fidèles échos dans la belle âme de l'abbé de Ligugé. La religion seule a ce privilége de créer et de perpétuer ces amitiés saintes. Rivées au pied de la croix, rien ne saurait les détruire.

Deux fauteuils sont vacants : ils étaient destinés à NN. SS. les évêques d'Angers et de Moulins.

Mgr Angebault, bientôt octogénaire, gouverne le diocèse d'Angers depuis 24 ans. Ses cheveux ont blanchi sous la mitre. On se souvient que, le 8 novembre de l'année dernière, Sa Grandeur célébrait, au milieu de douze évêques, le 50ᵉ anniversaire de son ordination sacerdotale. Mgr Pie était chargé de l'homélie : c'est dire de quelle haute et affectueuse estime le vénérable prélat honore notre évêque, et avec quel empressement il se fût rendu aux fêtes de Thouars si les douleurs de la goutte ne l'eussent retenu chez lui. La nouvelle reçue dès la veille a contristé tous les cœurs, mais particulièrement les Dames de la Retraite, qui avaient préparé chez elles l'hospitalité à leur bien-aimé Père et Supérieur de leur Ordre.

Mgr de Dreux-Brézé se reposait depuis quelques jours dans sa terre de Berrye, doyenné des Trois-Moutiers. « Ce prélat, que son grand caractère, son inépuisable charité et son inaltérable dévouement au saint-siège ont rendu plus illustre que le nom et le rang qu'il tient de ses ancêtres, avait nécessairement sa place réservée dans cette grande solennité [1]. » La fatigue ne lui permit pas d'assister à l'office des Vêpres ; mais nous le verrons

---

1. Relation du couronnement de Notre-Dame-la-Grande.

bientôt se joindre courageusement à ses vénérables collègues pour la procession.

Les I^{res} Vêpres de la fête de la bienheureuse, fixées, on s'en souvient, au 5 novembre par la Cour de Rome, furent chantées avec la plus grande solennité. Aux voix religieuses des prêtres dans le chœur, répondaient celles des orphéonistes à la tribune : les unes et les autres étaient soutenues par les accords de l'orgue.

Montez, montez vers les cieux, psaumes inspirés du roi-prophète, hymnes sacrées de la sainte liturgie romaine, ferventes prières de l'assistance la plus recueillie, chants mélodieux qu'embaument les parfums d'encens brûlé sur l'autel par la main de l'évêque ! Montez, percez les voûtes du saint temple, traversez les espaces, franchissez le bleu firmament ! Montez encore ; car, qu'êtes-vous autre chose qu'un tribut de tendre amour et de filiale affection dont nous voulons glorifier le Très-Haut en l'offrant à la bienheureuse duchesse de Thouars ?

Les vêpres étant terminées, Mgr Pie donna, en la forme accoutumée, la bénédiction papale. A l'occasion de sa visite *ad limina apostolorum*, au mois de juillet dernier, Sa Grandeur avait obtenu du souverain Pontife Pie IX le pouvoir de donner, dans toutes les églises et chapelles du diocèse où se ferait sa première visite, cette précieuse bénédiction papale, à laquelle est attachée une indulgence plénière, que peuvent gagner tous les fidèles présents qui la reçoivent avec les sentiments voulus de contrition et d'amour de Dieu.

Enfin la procession s'organisa : il était temps de satisfaire la légitime impatience des milliers de pèlerins obligés de stationner aux abords de l'église. Il était temps que la bienheureuse, après avoir vu s'établir son culte et son autel dans l'intérieur du temple sacré, prit, en quelque sorte, solennellement possession de la ville entière, sa bien-aimée patrie. Un contrat solennel allait se passer entre Françoise d'Amboise, promettant à ses concitoyens de les protéger toujours, et ceux-ci promettant à la Sainte de lui demeurer fidèles. Ce contrat, les évêques présents en étaient les notaires officiels, les foules recueillies en allaient être les heureux témoins.

C'est par la porte occidentale que devait s'opérer naturellement la sortie de la procession. Les cloches se balancent dans l'air, c'est le signal; au dedans et au dehors, tout s'ébranle, chaque instant apporte aux spectateurs son émotion. En tête, flottait la bannière de saint Médard, derrière laquelle s'étaient rangés les enfants de l'hospice [1], sous la conduite des religieuses

---

[1]. Thouars possédait naguère deux hôpitaux : l'Hôtel-Dieu et l'hospice Saint-Michel.

L'Hôtel-Dieu, situé derrière l'église Saint-Laon, fut fondé en 1615 par Anne de Rais, veuve d'un gentilhomme nommé Jean Goslard de la Vernière. Cette maison avait un aumônier, et était desservie par les religieuses de Saint-Thomas-de-Villeneuve, lesquelles eurent pour fondateur le R. P. Ange Proust, Augustin de la réforme de Bourges.

Saint-Michel, établi hors la ville, sur la route de Doué, était un prieuré de fondation royale, habité par six religieux. En 1776, on réunit à ce prieuré une maison de charité, mieux connue sous le nom de Providence. Ici encore les Filles de Saint-Thomas donnaient leurs soins aux vieillards et aux orphelins que l'on y recueillait.

Après la révolution, ces deux communautés furent réunies aux mains d'une seule administration. Sur le rapport de M. Alcibiade Devielbanc, avocat, celle-ci décida, en 1841, la fusion des deux hôpitaux dans l'ancien couvent des Ursulines. L'inauguration du nouvel hospice, dans lequel furent transportés les restes mortels de Mme Anne de Rais, eut lieu en 1845. Il est dirigé par huit sœurs de la Providence de Saumur qui, depuis quelques années, avaient été appelées à l'hospice Saint-Michel. — Tout le monde sait pour quelle large part M. Devielbanc, entré depuis dans le sacerdoce, contribua à la fondation et à la prospérité de cet établissement de bienfaisance. Sa bourse et son zèle, son esprit et

de la Providence, de Saumur. Bien chers enfants, le premier regard de la Bienheureuse aura été pour vous, qui ouvriez la marche triomphale. Je l'espère et vous le souhaite, autant que je vous aime, car vous avez bien besoin de ce haut patronage. — Après le cortége des pauvres, celui des vierges : la croix de saint Laon était suivie de deux cents jeunes filles qui, dans la matinée, avaient reçu le sacrement de confirmation. La plupart étaient d'anciennes élèves de Mademoiselle Papin, directrice zélée de l'école communale de Thouars. Elles marchaient posément, vêtues de leurs blanches robes, symbole de l'innocence dont resplendissaient toutes ces belles âmes. Dans leurs rangs se promenait la bannière de la Vierge Marie : les rubans en étaient soutenus par quatre d'entre elles.

La croix d'argent de Saint-Médard précédait une autre phalange de 80 jeunes filles, marchant aussi à l'ombre de leur bannière et appartenant au pensionnat des Dames de la Retraite. Moins heureuses que leurs compagnes, elles n'avaient pas encore senti leurs fronts purs mouillés par l'onction du saint Chrême : Mgr Pie leur ménageait ce bonheur le lendemain matin ; la fête du jour allait être pour elles une excellente préparation. — A la suite des Dames de la Retraite, venaient, conduits par leurs dignes professeurs, les enfants du collége Saint-Louis. Eux aussi se disposaient à recevoir, le lendemain, dans leur élégante chapelle, le sacrement de confirmation ; Mgr l'Évêque d'Angoulême avait eu mission de la leur conférer.

son cœur, il les a mis au service de ses pauvres bien-aimés et de ses chers orphelins avec un désintéressement dont la ville de Thouars lui gardera toujours souvenir.

Aux rayons du plus radieux soleil brillait la croix d'or de la paroisse Saint-Médard. Environ 200 prêtres (quel cortége imposant!) la suivaient avec un saint orgueil et une joie qui s'épanouissait sur tous leurs visages. En même temps, ils faisaient escorte à la statue de la Bienheureuse, dont nous avons parlé. Douze prêtres, revêtus de l'amict et de l'aube, la portaient alternativement, heureux et fiers de plier leurs épaules sacerdotales sous le brancard élégamment orné.

A la suite du clergé et derrière la statue vénérée, s'avançaient successivement, revêtus de la chape : Les deux curés de la ville; c'était bien là leur place : ils devaient être les premiers à jouir du triomphe de l'illustre sainte Thouarsaise;

M. l'abbé Richard, grand-vicaire de Nantes, portant la relique de la Bienheureuse. Mgr Pie avait daigné le charger du précieux reliquaire, qu'il tenait suspendu à son cou et caché sous son rochet. Car les lois de la liturgie prescrivent de n'exposer aux regards, dans les processions publiques, que les reliques des saints canonisés : or, Françoise d'Amboise n'a encore reçu que les honneurs de la béatification. Que nous étions donc édifiés, et combien d'autres le furent avec nous, de voir le pieux grand-vicaire, promoteur zélé de la cause de la Bienheureuse et son savant historien, presser d'une main sa chère relique et, de l'autre, égrener son rosaire pendant tout le parcours de la procession !

Le Révérendissime Père abbé de Ligugé, avec la mitre et la crosse, assisté de MM. de Ligron et de Briey, chanoines titulaires de la cathédrale de Poitiers;

Mgr l'Évêque d'Angoulême, assisté de M. Garreau,

archiprêtre de Loudun, et de M. Marais, notre tant aimé prédicateur du *Triduum* ;

Mgr l'Évêque de Moulins, craignant les fatigues d'une aussi longue procession, n'avait pas cru devoir accepter la chape. M. Cochard, archiprêtre de Parthenay, et M. Devielbanc, chanoine honoraire, assistaient le digne prélat ;

Enfin Mgr l'Évêque de Poitiers, ayant à sa droite le vénérable M. Samoyault, et à sa gauche M. l'abbé Cousseau, frère et grand-vicaire de Monseigneur d'Angoulême, termine le cortége proprement dit.

Le clergé et particulièrement NN. SS. les Évêques, étaient escortés par l'honorable compagnie des sapeurs-pompiers, chargés de protéger Leurs Grandeurs contre les envahissements de la foule, désireuse, comme au temps de Jésus-Christ, d'approcher, de voir et d'être bénie. La bonne tenue de cette escorte civique, le zèle de tous ses membres à s'acquitter de leurs fonctions nous ont frappé, et tirent en ce moment de notre plume à leur adresse des éloges mérités. Qu'ils veulent bien les agréer dans la personne de leur lieutenant M. E. Frogé.

« Derrière Mgr l'évêque de Poitiers et ses deux assistants, la procession se continue par une foule compacte d'hommes qui se prolonge dans plusieurs rues à la fois. Là, tout ordre, toute règle, toute distinction ont cessé. Les conditions, les rangs, les âges, tout est confondu dans cette multitude composée d'éléments si divers. Le simple artisan de la ville et l'habitant des campagnes accouru de loin, coudoient d'anciens magistrats, les représentants des grandes familles du Poitou, les héritiers des noms les plus illustres dans les annales du pays. Petits et grands, pauvres et riches, tous ont obéi à l'appel qui leur a été fait, tous sont venus, et se montrent fiers de contribuer par leur présence au triomphe de la bienheureuse Françoise.

« Ajoutons que l'espace laissé vide de chaque côté de la rue était lui-même rempli par des rangs de fidèles des deux sexes, qui faisaient la haie sur tout le parcours de la procession. Les fenêtres des maisons regorgeaient de spectateurs, et toutes les rues qui aboutissent à celles que suivait le défilé vomissaient à chaque instant de nouvelles phalanges de curieux qui se précipitaient à la suite du cortège.

« Ce qu'il ne nous est pas possible de rendre, c'est le maintien respectueux, la piété, le recueillement de ce peuple innombrable. Là, point d'appareil militaire, point de police officielle pour assurer la régularité de la marche. On se sentait porté, entraîné au milieu de cette foule; et pourtant il n'y a eu de trouble nulle part. Jamais la puissance de la religion sur les âmes ne s'est manifestée d'une manière plus sensible. Cette démonstration toute spontanée a atteint des proportions inconnues à celles qui jusqu'à ce jour s'étaient organisées à Thouars. Ah! qui pourrait dire la joie qui régnait sur tous les visages, l'amour qui brillait dans tous les regards? Oui, qui pourrait dire le bonheur de ce bon peuple en cette fête solennelle [1]? »

En avant de la procession, une excellente musique dirigée, comme l'orphéon, par M. Chantaise, tirait de son répertoire des morceaux d'une intéressante variété

---

1. Relation du couronnement de Notre-Dame-la-Grande.—Nous transcrivons ici ces paroles, d'autant plus volontiers qu'elles sont la mesure exacte de ce qui s'est produit à notre fête.

et d'une très-heureuse exécution. Si les accords des voix mélodieuses réjouissent sensiblement nos âmes dans l'intérieur des églises, en dehors, la symphonie des instruments a la vertu de nous faire tressaillir; leur agréable sonorité ajoute singulièrement à la splendeur d'une fête publique et religieuse. Aussi, croyons-nous être l'interprète de toutes les pensées en félicitant les artistes de leur concours et de leur incontestable talent. — Ah ! si l'harmonie régnait d'une manière aussi parfaite dans les esprits et dans les consciences! Si de semblables accords présidaient aux foyers domestiques, si tous les chrétiens de la cité, faisant partie de cet immense concert spirituel, portaient attentivement leurs regards sur le divin chef d'orchestre, et marchaient avec sagesse et mesure, en obéissant à ses Commandements, ô Thouars, ô mon pays, tu serais le plus grand comme le plus heureux peuple de la terre! J'ose donc t'en conjurer, ne frappe jamais plus désormais de notes discordantes, et souviens-toi que les pasteurs vénérés qui président aux destinées de ton âme, tiennent en mains le diapason qui seul doit régulariser ta foi, ton cœur et tes mœurs.

La procession devait suivre le parcours arrêté par le programme : place Saint-Médard, rue du Grenier-à-Sel, des Cordeliers[1], du Minage, Grande-Rue, des Ja-

---

1. Thouars avait, en 1780, trois couvents d'hommes : des Cordeliers, des Jacobins, des Capucins. C'est sur la demande de Louis, vicomte de Thouars, que les Cordeliers vinrent en 1282 s'établir dans notre ville. Le vicomte et la vicomtesse, son épouse très-chrétienne, leur firent bâtir un couvent spacieux et une belle église. Après leur avoir assuré, par plusieurs rentes foncières, des moyens d'existence pour l'avenir, les nobles époux se firent enterrer chez ces religieux, en habit monastique, selon l'usage de la dévotion du siècle. En 1790, cette maison était habitée par un gardien et trois religieux.

cobins ¹, du Prévôt, porte du Prévôt et place de la Vau ². Là, elle devait faire une station dont nous devons au lecteur le récit détaillé. — Au milieu de cet immense forum qui mesure 500 mètres de long sur 80 à 100 mètres de large, à l'ombre de hêtres antiques que les gelées matinales n'avaient pas encore dépouillé de leurs feuilles, une grande estrade et un trône d'honneur avaient été dressés. Des mâts, fixés aux angles, faisaient flotter dans les airs leurs pavillons aux couleurs de Marie et aux armes de Françoise d'Amboise. C'est là, c'est sur ce trône que la statue de la Bienheureuse est déposée ; c'est là qu'elle vient s'asseoir comme pour se livrer mieux à l'admiration de tous ses enfants pressés autour d'elle. En ce moment surtout, on a pu se faire une idée du nombre d'étrangers que la fête avait attirés dans nos murs. Du haut de cette estrade, d'où l'œil plongeait à l'aise sur la multitude, Mgr de Poitiers, entouré des autres prélats et d'une partie de son clergé, entonna l'hymne *Inviolata*, que mille voix émues poursuivirent aussitôt après lui. A l'issue de ce beau chant d'amour, il ne restait plus qu'à consacrer cette fête patriotique, ces manifestations de la foi populaire par une bénédiction solennelle. Elle ne se fit pas désirer. Au nom

---

1. Les Jacobins ou Dominicains s'établirent à Thouars en 1359 ; les pieuses libéralités d'un homme, nommé Pierre Dufault, fournirent à leur subsistance, tandis que des aumônes publiques les mirent à même de bâtir le monastère et l'église. En 1790, il y avait un prieur et deux religieux.

2. A l'extrémité nord de la place de la Vau, nous apercevons le couvent bien conservé des Capucins. Ces bons religieux vinrent se fixer là en 1617, appelés par Uriel Palloux, conseiller du roi en l'élection, et par Prudence Ogeron, sa femme. Les Capucins ne vivaient que d'aumônes. Leur maison était habitée par un gardien, trois moines et un frère convers.

du Seigneur, les trois prélats et le R. P. Abbé s'empressèrent de l'envoyer à tous les coins de la ville, et de la répandre en particulier sur toutes ces têtes s'inclinant avec respect, comme ces épis pressés dans un champ trop plein, qui se laissent aller au souffle léger des vents.

Mais voici que l'art avait eu l'heureuse pensée d'offrir à la religion ses services ; NN. SS. les évêques et les deux cents personnes qui couvraient l'estrade furent priés de vouloir bien poser un instant devant l'appareil photographique de M. Rioche. Toute l'assistance y gagna d'entendre de nouveau, pendant cette opération, le chant bien connu : « Chantons les combats et la gloire ». Jamais peut-être plus retentissantes n'avaient été les voix de nos orphéonistes ; jamais plus mâle, plus accentuée celle du soliste, M. l'abbé Guérin, curé d'Oyron. Ah ! qu'elle était bien comprise et goûtée, lorsqu'elle disait :

Vois cette foule ardente et recueillie,
Elle est venue honorer ton berceau ;
Pour recevoir ta relique bénie
Elle prépare un triomphe nouveau.

Ce triomphe, préparé depuis longtemps, était en train de s'accomplir. Poursuivons, car nous n'avons pas tout dit.

La procession, reprenant sa marche, parcourut dans le même ordre : les rues de la Porte-de-Paris, Duguesclin, Saint-Eugène, de Cléry, Monthabor, de la Trémouille, place du Château. Tandis que la musique inondait les airs de ses brillantes symphonies, et que les tambours roulaient par intervalle leurs accords guerriers, le clergé, lui, adressait au Roi des rois, au

Seigneur des seigneurs, ses plus ardentes supplications ; il les adressait par l'entremise des saints, dont il chantait les Litanies, ayant soin, après chaque invocation, de placer celle de sa bien-aimée patronne : *Beata Francisca, ora pro nobis* : « Bienheureuse Françoise, priez pour nous ». Et de nombreux fidèles, unissant à la voix des prêtres leurs propres accents, redisaient avec une dévotion toujours croissante : « *Beata Francisca, ora pro nobis* ».

Et maintenant, que nos lecteurs ne nous demandent pas ici la description exacte des ornements dont nos rues populeuses étaient surchargées. Il s'en faut que Thouars soit le siége de l'opulence : les commerçants et les ouvriers forment la presque totalité de ses habitants. Mais la foi a l'habitude de suppléer aux richesses et de créer des prodiges là même où elle paraît dénuée de ressources. Ce qu'elle fait, par exemple, tous les ans, à l'occasion de la Fête-Dieu, ce qu'elle déploie de travail, d'invention, de luxe, d'enthousiasme pour célébrer son divin Maître est vraiment digne d'éloges. Nos souvenirs d'enfance, très-précis à cet égard, nous prouvent que ces habitudes religieuses sont traditionnelles chez les Thouarsais. Eh bien! jose l'affirmer sans crainte que personne me contredise, leur foi, dans la circonstance présente, s'est mise à l'œuvre avec la même spontanéité, la même intelligence, le même succès. On n'a pas eu besoin de la réveiller, car elle ne fut jamais endormie : à l'heure dite, elle était prête ; elle s'est éclose sous le soleil d'automne comme elle s'épanouit sous les rayons d'été, aux jours radieux de la fête du Très-Saint Sacrement.

Donc, je ne dirai pas le spectacle que présentaient

aux regards ces groupes d'arbustes encore verdoyants plantés çà et là, ces guirlandes courant de maison en maison, ces étendards brodés d'or ou d'argent, qui ondulaient au balcon du riche, et ces oriflammes bleues et blanches qui encadraient plus modestement la fenêtre du pauvre; ces élégantes colonnes s'élevant dans les airs avec les bouquets artificiels qui les surmontent, ces arcs de triomphe si habilement agencés avec la soie, le papier et la verdure, etc. On avait multiplié les emblèmes, les armes de la Bienheureuse, les sentences, les invocations, les textes de la sainte Écriture : « Fille « bien-aimée de Thouars, patronne de la cité, priez, « priez pour nous ». — « *Tu lætitia Israel, tu hono-* « *rificentia populi tui*[1] » : « O Françoise, vous êtes « la félicité de votre pays, vous êtes l'honneur de « votre peuple ».

Ce qui frappait le plus dans ces décorations si variées, c'est que partout on se sentait en présence de l'œuvre de toute une famille, de tout un quartier, de l'œuvre de plusieurs semaines, d'une œuvre faite avec amour. De sorte que nous ne saurions mieux rendre notre pensée qu'en empruntant le langage de saint Jean Chrysostome, quand, à l'occasion d'une solennité de martyrs, il complimentait sa ville épiscopale : « Constan- « tinople n'était qu'un temple; les rues, les places « publiques, l'air lui-même, tout était sanctifié par les « pompes religieuses » : *Tota civitas ecclesia fuit; viæ, fora, aer sanctificabantur.* Oui, Thouars, en ce jour, formait une sorte d'église dans toute son enceinte; ses rues étroites ressemblaient aux nefs d'un temple;

---

1. Judith, xv, 10.

ses lieux les plus vulgaires, ses marchés, ses carrefours avaient cessé d'être profanes : ils recevaient de la bienheureuse Françoise une sorte de consécration : *Tota civitas ecclesia fuit*. Oh ! bienheureux, bienheureux ceux qui ont vu !

S'il était besoin de faire quelques citations à l'appui de ces appréciations personnelles, je parlerais de la Grand'Rue, qui, dans toute sa longueur, était transformée comme par enchantement. Ses murs étaient tapissés d'oriflammes, d'emblèmes et d'autres ingénieuses décorations, tandis que les festons, les draperies, les guirlandes et les arcs de triomphe formaient une sorte de voûte légère ombrageant ceux qui la traversaient. — A la porte de Paris, M. de Pouchier, dont les connaissances artistiques sont proverbiales dans le pays, avait eu le bon goût de parer d'oriflammes, soutenues par des croix légères, les arbres et le rocher artificiel de son jardin situé sur le bord de la route. Des bandes d'étoffe blanche, mouchetées d'hermine noire, couraient sur la muraille. Sept écussons d'un travail fini, aux armes du Pape et des Évêques, encadraient son portail. Enfin, il avait fait tracer sur le passage de la procession une allée, moins remarquable par le sable fin et la verdure que l'on foulait aux pieds que par les fleurs choisies et les plantes les plus rares qui en faisaient une bordure printanière. Le soir, trois cents lanternes vénitiennes éclairaient toutes ces belles choses. — Le maire, M. Loury, avait pavoisé sa maison aux armes de la ville et de la sainte. Donnons, en passant, un souvenir à l'honorable magistrat, et sachons-lui gré de l'entière liberté qu'il laissa au clergé et aux habitants pour décorer dignement la vieille cité des ducs d'Amboise.

Les religieuses de la Retraite [1] s'étaient signalées dans leurs travaux. La rue qu'elles occupent était traversée par un treillis en fer garni de mousse, de verdure et de fleurs. Sans avoir de trait bien caractéristique, ce dessin nous a paru figurer un élégant portail d'église. Au milieu, dans une rosace bien découpée, un écusson aux armes du Saint-Père, surmonté de la tiare pontificale, paraissait en relief. Au sommet, on voyait, dans un écusson fleurdelisé, les armoiries de la bienheureuse Françoise. De chaque côté était une étoile suspendue et comme rivée au pied d'un beau lis. Le fond de l'étoile représentait les armes de Mgr l'Évêque de Poitiers, à droite, et celles de Mgr l'Évêque d'Angers, à gauche.

Mais la place Saint-Médard surtout était le centre des opérations savantes et des œuvres grandioses. C'est là que les conceptions hardies et le zèle sans limites s'étaient déployés avec avantage, nous en devons tous les détails.

Un obélisque, en imitation de granit, de 21 m. de hauteur, mesurant à son piédestal 8 m. de circonférence, s'élevait au milieu de la place. « Les obélisques de Rome, dit le R. P. Rigaud [2], servent à de nobles

---

1. L'origine de la Société de Marie, mieux connue sous le nom de Religieuses de la Retraite, date de 1671. Les membres qui survécurent à la Révolution se réunirent en 1806 à Quimperlé. Sur la demande de l'évêque de Rennes, un essaim se détacha et vint s'établir à Redon. A l'œuvre des retraites, but spécial de leur institut, elles joignirent celle de l'instruction des enfants. En 1837, Mgr Montault, du diocèse de Poitiers, évêque d'Angers, les pria de fonder dans sa ville épiscopale une maison qui devint peu après le chef-lieu de la Congrégation. — Les religieuses Ursulines établies à Thouars depuis 1830 recrutaient peu de sujets. Désireuses d'assurer l'existence et l'avenir de leur communauté, elles s'agrégèrent aux Dames de la Retraite d'Angers. Cette agrégation fut conclue le 9 août 1849, en présence de M. Samoyault, vicaire-général, et de M. Métayer, curé de Saint-Médard.

2. Le R. P. Rigaud, *Souvenirs de Jérusalem*.

usages ; ils portent dans les airs la croix souveraine, les reliques des Saints, le triomphe de l'Église. » Notre colossal monument avait quelque chose d'analogue : la croix qui en couronnait le sommet s'élevait fièrement de 30 pieds au-dessus de l'église Saint-Médard, et plongeait son regard paisible sur toutes les campagnes environnantes. Elle était particulièrement aperçue des pèlerins débouchant par les routes de Bressuire et Parthenay. En guise de reliques de la Bienheureuse, des blasons et des inscriptions placés à d'inégales distances servaient d'ornements aux quatre faces de l'imposant obélisque. Sur le flanc nord, on lisait l'immortelle devise : « Faites sur toutes choses que Dieu soit le mieux aimé ! » Au midi, l'inscription suivante : « Honneur à Françoise d'Amboise, enfant de Thouars ! » Sur la façade orientale paraissait en saillie un écusson aux armes de la Bienheureuse ; sur la façade occidentale, s'en trouvait un aux armes de la ville. A notre avis, ce monument racontait à ses nombreux admirateurs, sinon mieux, du moins plus que tous les autres, et le triomphe de Françoise et le triomphe de l'Église qui place les Saints sur ses autels après les avoir enfantés par sa grâce, éclairés de sa doctrine, nourris de ses sacrements, embrasés de son amour.

Aux angles de la place carrée, à côté des candélabres, quatre jets d'eau, de 5 mètres de hauteur, alimentés par des conduits habilement cachés à fleur de terre, répandaient dans l'air leurs gerbes rafraîchissantes, puis retombaient successivement dans trois bassins disposés, pour les recueillir, autour de leurs colonnes. La verdure et les plantes qui entouraient les bases leur donnaient l'agréable physionomie de squares improvisés. Des guirlandes de lanternes vénitiennes, partant de la croix de l'obélisque, venaient se reposer sur les candélabres. D'autres guirlandes du même genre unissaient ensemble ces becs de gaz et formaient un vaste réseau autour de la place. Les cordons étaient soutenus au milieu de chacun des quatre angles par un mât pavoisé d'oriflammes multicolores.

Et quel est donc l'auteur de ces magnifiques entreprises? Ma plume, cher lecteur, est impatiente de vous livrer son nom : c'est M. l'abbé Bouin, c'est votre excellent vicaire de Saint-Médard que vous connaissez tous et que vous aimez. Son digne archiprêtre, se souvenant de ses belles années passées au vicariat de Notre-Dame de Niort, où, grâce au zèle qu'il avait le loisir d'y déployer, il sut acquérir cet ensemble de qualités qui font les vrais pasteurs, use à son tour, et avec succès, de cette méthode auprès de Messieurs ses vicaires. Tout en imprimant à leurs projets une direction éclairée, il approuve leurs efforts, applaudit à leur zèle, consacre leurs œuvres. Donc, muni de pleins pouvoirs, M. Bouin s'est mis à l'œuvre. Afin de laisser aux fidèles la facilité de coopérer aux dépenses de la fête : les riches par leurs pièces d'or, les pauvres par leur obole, il établit un tronc dans lequel plusieurs centaines de francs furent versés. Ce que l'infatigable abbé a dépensé de travaux, de sueurs, de surveillance, pendant trois semaines, on ne saurait le dire. Il avait confié l'exécution de ses pensées à M. Rivière, membre du conseil municipal, dont l'intelligence et le savoir-faire furent constamment soutenus par une complaisance sans bornes. Hommage à ce vertueux citoyen, ainsi qu'aux ouvriers dévoués qui, dans la circonstance, comme toujours, ont prêté à la religion et à ses ministres leur concours actif et désintéressé !

Cette nouvelle dette de gratitude payée, hâtons-nous de rejoindre la procession qui arrive à son terme.

Déjà la place du château est littéralement envahie; une large queue se prolonge bien loin dans la rue de la Trémouille. Sur tout l'espace que la vue peut embrasser, les spectateurs se touchent, les têtes sont pressées; les flots de la population se précipitent à la suite du clergé qui ne cesse pas de chanter, et des évêques qui ne se lassent point de bénir. Le coup d'œil est ravissant.

Le but de la procession était de transporter la relique de la Bienheureuse dans la chapelle du château. Mgr Pie a fait, en ces termes, l'histoire abrégée de ce monument religieux [1] :

« C'était au commencement de ce seizième siècle, qui devait produire de si douloureux fruits, et laisser aux premières années du siècle suivant, particulièrement dans cette ville et dans ce château, un si lamentable héritage. Thouars avait pour souverain un jeune héros, la fleur de la chevalerie, Louis de la Trémouille, une des plus nobles figures de notre France guerrière. Vainqueur des princes rebelles dans la journée de Saint-Aubin, c'est de lui que Louis XII, en arrivant au trône, a dit ce mot célèbre : « Le roi de France ne venge pas les querelles du duc d'Orléans ». Or, tandis que ce grand capitaine cueillait d'abondants lauriers, tandis qu'il s'illustrait par les faits d'armes les plus glorieux, depuis la journée d'Agnadel, jusqu'à celle de

---

1. Discours pour l'inauguration du collége Saint-Louis.

Matignan, sa pieuse épouse, Gabrielle de Bourbon, retirée dans son château de Thouars, consacrait sa vie à tous les exercices de la religion et de la charité, en même temps qu'au culte des lettres et des arts. D'intéressants écrits sont sortis de sa plume : on y trouve des sentences qui révèlent à la fois la fermeté du jugement et la délicatesse du goût. Mais sa plus belle œuvre, c'est sa magnifique église ; sa tendre dévotion envers la Mère de Dieu lui inspira de la dédier à Notre-Dame. Cet autre autel, placé sous le patronage de saint Louis, était comme une fondation de prières quotidiennes à l'intention de son noble époux, jeté au milieu des hasards de la guerre. Enfin, dans ce gracieux oratoire, placé derrière le sanctuaire, elle allait chaque jour révérer la relique de la vraie Croix, qu'y avait déposée son beau-frère, le cardinal Jean de la Trémouille [1]. Princesse accomplie, qui sut allier la grandeur et la modestie, la distinction de l'esprit et la beauté du cœur, la magnificence royale et la charité chrétienne, elle fut longtemps l'idole de toute cette province, qu'elle parfume encore de son nom et de son souvenir.

« Hélas! vous le savez, mes très-chers frères, les exemples de Gabrielle de Bourbon ne furent pas longtemps respectés. Les générations suivantes n'héritèrent point de sa foi et de ses vertus. L'hérésie au caractère impérieux et turbulent ne tarda pas à s'installer dans cette demeure reconstruite splendidement par une femme altière, qui ruina sa maison pour toujours et laissa une mémoire aussi détestée que celle de Gabrielle était chère. Disons-le toutefois : ces temps mauvais eurent

---

1. Ce même cardinal a consacré l'église collégiale de Notre-Dame-du-Château et l'église paroissiale de l'étage inférieur.

leurs compensations; et ce fut un jour bien précieux pour l'Église que celui où le duc Henri, ce prince loyal qu'on a surnommé le Henri IV de Thouars, après avoir accompagné le roi Louis XIII au siége de La Rochelle, revint à la religion de ses aïeux : abjuration franche et durable, dont le vocable de saint Henri, ajouté à celui de saint Louis dans cette église alors réconciliée, est un monument historique que nous avons à cœur de perpétuer [1]. »

Ce n'était pas nous éloigner de notre sujet que de transcrire cette belle page tombée de la plume de l'illustre évêque de Poitiers. Car il s'en suit que la très-haute, très-savante, très-libérale et très-pieuse épouse de Louis de la Trémouille, Gabrielle de Bourbon, fut alors inspirée de construire une chapelle qui, plus de trois siècles après, devait servir de glorieux tabernacle aux restes vénérés de la bienheureuse Françoise d'Amboise. Or, il convenait de dire un mot de ce reliquaire monumental [2].

1. L'abjuration eut lieu en 1628, et l'église fut réconciliée par l'évêque de La Roche-Posay, le 15 août 1629.
2. Le portail de la chapelle, admirablement orné, est décoré de statuettes sorties du ciseau de Michel Colomb et des artistes de son école. A l'intérieur, d'une parfaite régularité, les trois nefs sont séparées par des piliers d'une grande légèreté. La dernière travée du collatéral de droite, parallèle au grand autel, laisse encore apercevoir les nombreuses nervures sculptées et les clefs-pendantes, du travail le plus remarquable, auxquelles était suspendue la couronne ducale en pierre. Au-dessous se trouve le trône des puissants seigneurs de Thouars.
Gabrielle de Bourbon obtint du pape Léon X une bulle, en date du 18 janvier 1515, par laquelle cette église fut érigée en collégiale et en corps de chapitre, à l'instar de celle de Saint-Martin de Tours et de la Sainte-Chapelle de Paris. — Au-dessous de cet édifice, une chapelle de même dimension servait d'église paroissiale. Le curé était en même temps chanoine du chapitre de Saint-Pierre. Au-dessous de l'église paroissiale se trouve une troisième chapelle, taillée dans le granit, servant à la sépulture des ducs de Thouars.

L'enceinte sacrée fut bientôt remplie. Les élèves du collége Saint-Louis saluèrent par un cantique de circonstance l'entrée de la Bienheureuse au château de ses ancêtres, dans ces lieux mémorables qui l'ont vu naître. Ces paroles ont été appliquées sur une mélodie de M. l'abbé Penot, prêtre du diocèse :

CHŒUR :

Salut à toi, nouvelle et douce étoile
Etincelante au ciel des bienheureux !
Salut, salut, astre pur et sans voile,
Astre délicieux.

I.

Publions-le, chrétiens ; la faveur la plus belle
Qu'un pays fortuné puisse obtenir de Dieu,
C'est d'engendrer des fils pour la gloire immortelle,
C'est de les voir surtout vénérés au saint lieu.
Thouars, réjouis-toi, cette gloire est la tienne,
Ton enceinte est sacrée et ton nom glorieux ;
Ta fille est honorée en l'Église chrétienne,
Françoise est triomphante ici-bas comme aux cieux.

II.

Pour nous, que son histoire est belle et gracieuse !
C'est l'histoire d'un lis qui fleurit au printemps ;
Sa raison fut précoce, et son âme pieuse
S'unit à Jésus-Christ dès ses plus jeunes ans.
Grandissant au milieu d'une cour magnifique,
Elle évita le faste et se garda du mal ;
Elle aima son époux d'un amour angélique,
Et conserva brillant son trésor virginal.

III.

Après les jours d'honneur vint le temps de l'épreuve :
Le Seigneur lui ravit son époux adoré.

Adieu, monde et plaisirs ! La noble et sainte veuve
Va chercher dans le cloître un refuge assuré.
Asile du Carmel, aimable solitude,
Dis-nous quel fut alors l'éclat de ses vertus.
Elle aima Jésus-Christ, elle en fit son étude,
Et s'endormit enfin du sommeil des élus.

IV.

Elle a dormi longtemps dans sa couche de pierre,
Des siècles ont passé sur son linceul mortel ;
Aujourd'hui le Seigneur l'appelle à la lumière,
Elle sort du sépulcre et monte sur l'autel.
Thouars, réjouis-toi, ta fille est couronnée,
L'Église la vénère et tombe à ses genoux ;
Tressaille de bonheur, ô cité fortunée,
Et livre-toi sans crainte aux transports les plus doux.

Bientôt Mgr d'Angoulême, « ce vénérable et bien-aimé prélat qui aime toujours l'église de Poitiers et qui prend part à toutes ses joies [1] », monte les degrés de l'autel, et, devant une assistance d'élite, fait l'éloge de la bienheureuse Françoise. Nous voudrions reproduire en entier ce discours qu'un trop petit nombre d'élus eut le privilége d'entendre et d'admirer. Nous regrettons de ne pouvoir en donner que l'analyse et quelques extraits :

« C'est en vérité un beau jour pour la ville de Thouars et pour toute la contrée dont elle fut jadis la capitale. Ce vieux château, si riche de grands et beaux souvenirs, s'illumine aujourd'hui de sa gloire la plus pure et la plus solide, de celle que Dieu même donne à ses élus, en récompense de la sagesse et de la force qu'ils ont déployées à son service. »

1. Mgr Pie, discours pour l'inauguration du collége Saint-Louis.

Ainsi, deux mots caractérisent la bienheureuse Françoise, deux mots sont le secret de la sainteté que nous voyons se refléter en elle : *la sagesse et la force : sapientiam et fortitudinem* [1].

En quoi consiste donc la véritable sagesse? A connaître Dieu, et à se connaître soi-même; à affirmer la dépendance absolue où nous sommes de ce souverain Maître, à le préférer à tout, à le servir, à l'aimer par-dessus toutes choses. Or, tel fut le cri perpétuel du cœur de la bienheureuse Françoise, telle fut sa devise inspirée : *Que Dieu soit toujours le mieux aimé!* Enfant caressante et pleine d'amour pour ses nobles parents, épouse fidèle et très-soumise à son mari, duchesse de Bretagne, dévouée jusqu'au fond des entrailles au bonheur de ses sujets, elle ne cessa pourtant pas d'aimer Dieu plus que les auteurs de ses jours, plus que son époux, plus que sa famille, plus que toutes choses; partout et toujours le Seigneur Dieu fut le mieux aimé de son cœur.

La sagesse qui commence les saints requiert la force qui les accomplit. Les biens, les honneurs et les joies de ce monde ont sur nous de telles prises, qu'il faut une lumière et une force vraiment divines pour nous en détacher. Quelle force d'âme et quelle abnégation ne fallut-il pas à la Bienheureuse pour vivre au sein de l'opulence sans y attacher son cœur! Quelle force d'âme et quelle patience pour triompher de la dureté un peu sauvage de son époux! Quelle force d'âme et quelle

1. Aussi bien que Daniel, en effet, la Bienheureuse a pu dire : « O le Dieu de mes pères, je vous rends grâce et je vous bénis de ce que vous m'avez donné la sagesse et la force » : *Tibi, Deus patrum nostrorum, confiteor teque laudo, quia sapientiam et fortitudinem dedisti mihi.* DAN., II. 23.

grandeur quand le roi Louis XI, quand son propre père cherchent à circonvenir cette jeune veuve de vingt-six ans pour l'obliger à contracter une seconde alliance dont l'idée entrait dans les calculs de la politique ! Son invincible fermeté, cette force divine l'a soutenue dans toutes les épreuves de la vie, comme la sagesse l'a éclairée dès ses plus jeunes ans.

« Et maintenant, ajoute le pontife, s'il nous était donné d'évoquer devant vous, mes Frères, tous les héros de sa famille, qui sont sortis de ce château, ces trois races des vieux vicomtes de Thouars, des sires d'Amboise, et de leurs glorieux successeurs les ducs de La Trémouille, tous ensemble, d'un accord unanime, éclairés qu'ils sont aujourd'hui de la vraie lumière, ne placeraient-ils pas au milieu d'eux et au-dessus d'eux, comme nous le faisons nous-même dans cette solennité, la bienheureuse Françoise, qui pendant sa vie n'a cherché qu'à s'humilier et à se cacher aux regards des hommes ? Ils la féliciteraient de sa haute sagesse et de son courage vraiment héroïque. »

Puis, frappant du pied sur la marche de l'autel, et cherchant à plonger son regard jusque dans le caveau mortuaire des seigneurs de Thouars[1], le savant orateur s'écrie : « Paraissez ici, vieux vicomtes, vainqueurs des Sarrazins dans les guerres saintes : vous, puissant Aimeri, qui avez aidé avec vos nobles vassaux le duc Guillaume de Normandie dans la conquête de l'Angleterre ; et vous, sire d'Amboise, entouré de vos dix-sept enfants, de ces cinq fils évêques et grands évêques, justement fiers sur-

---

1. Le 4 mai 1793, leurs cendres respectables furent jetées au vent, et leurs cercueils de plomb vendus un sol la livre par des forcenés, la plupart, nous aimons à le dire, étrangers à la localité.

tout de ce Georges, archevêque de Rouen, digne ministre du roi père du peuple, que la France et l'Italie voulurent un instant placer sur le trône pontifical; et vous, chevaleresque Louis de la Trémouille, proclamé *le premier capitaine du monde et le plus bel ornement de la monarchie française*; et vous enfin, héroïque prince de Talmont, qui avez couronné par la mort d'un martyr soixante-huit combats livrés pour la plus sainte des causes, que vous semble aujourd'hui de toute cette gloire humaine, de ces trônes et de ces couronnes, de ces rêves d'ambition, de ces brillantes fêtes féodales, de ces hommages d'un millier de nobles vassaux assemblés jadis autour de vous dans cette royale demeure? Ah! il y a longtemps que ce vain bruit de gloire humaine est éteint; que ces trônes ont été renversés, relevés, puis renversés encore; que ces couronnes ducales, royales ou même impériales ont été foulées dans la boue des révolutions. Je sais bien qu'il existe encore un noble fils de ces anciens sires de Thouars, un duc de la Trémouille, qui désirerait être aujourd'hui au milieu de nous, et sa présence n'eût pas été un des moindres ornements de cette fête [1]. Mais où sont les sires de Mauléon, de Bres-

1. Charles-Louis, prince de Tarente, est né le 20 octobre 1838, de Charles-Bretagne-Marie-Joseph, duc de La Trémouille et de Thouars, pair de France, et de Valentine-Eugénie de Walsh-Serrant. Duc de La Trémouille à la mort de son père, en 1839, Charles est le 28e chef de nom et armes de cette illustre maison, à partir de Pierre, seigneur de La Trémouille, le premier dont l'existence et la titulature sont justifiés par titres. Les La Trémouille sont les plus anciens ducs héréditaires vivants de France. Leur duché de Thouars date de 1502 et leur pairie de 1505. Comme pairs, ils se sont laissés primer par les d'Uzès, à cause de l'enregistrement, avant le leur, des lettres de ces derniers, plus récentes cependant. — Le premier duc de Thouars était le 19e de la filiation suivie, Louis de La Trémouille, qui florissait sous Henri II et Charles IX, et fut tué devant Melle, au moment où cette place se rendait à

suire, d'Argenton, des Herbiers, de la Roche-sur-Yon, de Talmont, et ces dix-sept cents vassaux qui devaient venir ici lui rendre hommage le genou en terre et la tête nue ? Tout cela est passé et passé sans retour. Que dis-je ? leur mémoire elle-même a péri au milieu des bruits divers de notre temps : « *Periit memoria eorum cum sonitu* [1] ». C'est à peine si quelques curieux dans cet auditoire ont conservé le souvenir de ces grandeurs d'un autre siècle.

« Ah ! il n'en est pas ainsi de la gloire des saints, de la gloire dont Dieu couronne la bienheureuse Françoise. Le solennel hommage que nous lui rendons ici, dans le lieu de sa naissance, dans la demeure de ses ancêtres, et qui se renouvellera d'année en année à pareil jour, n'est qu'une faible image de la gloire dont Dieu la couronne dans le ciel pour toute l'éternité. »

Voilà en quels termes pleins d'énergie et d'onction, de science et d'à-propos, l'illustre successeur de saint Ausone fit l'éloge de la Bienheureuse, et comment il sut, en célébrant nos gloires nationales, ajouter de nouveaux rayons à celle de Françoise d'Amboise.

A l'issue de la prédication, les enfants du collége entonnèrent un nouveau cantique en l'honneur des re-

---

lui, le 25 mars 1577. — Le duc Charles n'a plus droit au titre de *duc de Thouars*, et il ne le porte pas. Cette titulature a été remplacée en 1814 par celle de La Trémouille, seule visée dans les lettres de pairie. Charles a épousé, le 3 juillet 1862, Marguerite-Eglé Duchâtel, fille unique de l'ancien ministre du roi. De ce mariage sont nés deux enfants : Louis-Charles-Marie, prince de Tarente, le 23 mars 1863, et Charlotte-Cécile-Eglé-Valentine, le 19 octobre 1864.

Le duc Charles n'a pas pu répondre aux invitations que Monseigneur et M. de La Terrière lui avaient faites d'assister à la translation des reliques de la Bienheureuse Françoise d'Amboise.

1. Ps., IX, 7.

liques de la Bienheureuse. Nous en donnons la première et la dernière strophe ; la mélodie est l'œuvre de M. l'abbé Moreau.

> Tombeau sacré, rends ta victime,
> Rends-nous ces membres desséchés ;
> La vertu de Dieu les anime,
> Son Esprit-Saint les a touchés.
> Lève-toi, cendre inanimée,
> Par tant de vertus embaumée,
> Et viens recevoir notre amour.

CHŒUR.

> Qu'il est doux, ô femme angélique,
> D'honorer ta sainte relique
> Et d'invoquer ton nom en ce beau jour !

> Versez en nous la sainte flamme
> Dont brûla toujours votre cœur ;
> Françoise, imprimez dans notre âme
> Ce mot qui fit votre bonheur :
> « *Aimer par-dessus toute chose* »
> Celui dont le lis et la rose
> Symbolisent le pur amour.

Après les chants d'usage, la bénédiction du très-saint Sacrement fut donnée par Mgr l'évêque de Moulins, et suivie du *Laudate*, chanté, il nous a paru, avec un indéfinissable transport de pieuse allégresse.

Quand le clergé, précédé de la croix, descendit les marches de la chapelle, il était cinq heures un quart ; la procession avait parcouru environ trois kilomètres, et avait duré trois heures. — Il faisait nuit ; malgré la froidure de la saison, une foule nombreuse stationnait encore sur la place du Château, inclinant une dernière fois sa tête sous la main des évêques. Le clergé, chantant le *Te Deum* d'action de grâces, défila sur deux rangs dans la cour d'honneur, et conduisit les prélats à leurs appartements. — Quel contraste ! C'est dans cette cour princière que se pressaient jadis les dix-sept cents vassaux des vicomtes de Thouars, rendant « le genou en terre et la tête nue », hommage à leurs fiers suzerains. Suzerains et vassaux depuis longtemps ont disparu : l'unique souveraine de ces lieux, la vicomtesse de Thouars, l'héroïne du manoir féodal, c'est la petite enfant que nos aïeux ont connue il y a quatre cents ans, et que nous voyons aujourd'hui parée du diadème des Bienheureux, c'est Françoise d'Amboise.

Douée de l'esprit d'abnégation qui fait les saints, elle avait volontairement descendu les marches du trône, voilà qu'elle y remonte aujourd'hui en triomphatrice. Déjà elle a repris possession de son duché de Bretagne ; aujourd'hui, elle entre solennellement dans la demeure de ses pères, et certes de nombreux vassaux, d'origine peu vulgaire, ne lui manqueront point : ce ne sont rien moins que des princes de l'Église, parés de la couronne épiscopale ou sacerdotale. Je les vois accourir avec bonheur à la rencontre de la bienheureuse châtelaine ; à leur suite et autour d'eux se pressent des foules nombreuses ; tous, pasteurs et fidèles, se découvrent devant la Sainte, inclinent leurs fronts respectueux, plient le genoux, épanouissent leur cœur et lui offrent l'encens de leurs prières avec l'or pur de leur amour.

Tandis que ces pensées nous occupaient, le salon de M. l'abbé de la Terrière se remplissait des hôtes invités au repas qui devait couronner la fête. C'étaient tous les membres du clergé, et, comme nous l'avons dit, un grand nombre des laïques les plus recommandables de la ville et du pays [1].

Vers six heures et demie, les évêques et les autres convives descendaient s'asseoir dans l'une des immenses salles du château, qui sert actuellement de réfectoire aux élèves. Cent cinquante couverts étaient dressés autour de quatre tables : chacune d'elles était présidée par l'un des prélats. La présence des princes de l'Église et du clergé mêlés, confondus, dans une sorte de fraternité, avec cette fleur de la noblesse du sang et de la vertu, l'abandon, la joie franche, résultat de la conformité des sentiments, qui présidaient au repas, ces lustres dont les étincelantes lumières frappaient les blasons de nos évêques, se jouaient au milieu des guirlandes artistement posées à la voûte et aux pa-

[1]. Nous y avons remarqué :
De la ville et du canton de Thouars: MM. Rousseau, Monnier, Bafour, de Vielbanc père et fils, Mathieu, Gimon, Petiteau, marquis d'Oyron, vicomte Ernest d'Oyron, vicomte de Piolant, comte de Lacorbière, Delvaux, Guédon, Baillou de la Brosse, Perreau.
Du canton de Saint-Varent : MM. le marquis Charles de Lusignan, Paul et Jules de Lusignan, de Brossard, Guérin, docteur de La Terrière.
Du canton d'Argenton : MM. de Beaurepaire, Dillay.
Du canton de Bressuire : MM. comte Julien de La Rochejacquelein, Bagot de Blancbecoudre père et fils.
Du canton de Cerizay : MM. de La Pastellière, Albert Mayaud.
Du canton de Châtillon : M. de la Guéplère.
Du canton d'Airvault : MM. le marquis de Mausabré, comte de Tusseau, comte Ferrand.
De Parthenay, Loudun et autres lieux: MM. Bardet, Ledain, Taudière, Coutant, Gaillard, de Lauzon, comte de Saint-Laurent, Raoul de La Selle, marquis de Ternay, d'Espinay, comte de Messemé, comte de Mondion, comte de Boisayrault père et fils, marquis de Brézé, de Crozé père et fils, de Constant, de Rivière, marquis de Colalin, marquis de Nieul.

rois de la salle, tout cela offrait au regard du spectateur le plus charmant coup d'œil. Nos souvenirs, peut-être aussi nos regrets, se reportaient involontairement à des temps qui ne sont plus ; l'antique manoir avait une réminiscence de ses beaux jours, de ses célèbres réunions féodales : les os blanchis des seigneurs de Thouars durent tressaillir. — Pendant le repas, les enfants du collége, sous la direction de leur digne professeur de musique, M. Hermann, vinrent réjouir les convives par leurs chants joyeux. Mais de plus chaudes émotions nous étaient réservées.

« Quand les grands seigneurs du moyen-âge assistaient à quelque fête féodale, ils avaient coutume de conduire avec eux quelque trouvère en renom, un barde, un poète chargé de célébrer dans ses vers l'objet de la réunion qui rassemblait tant de braves paladins et de nobles dames. — Quand Monseigneur de Poitiers va présider quelque fête religieuse, lui aussi il a son poète, son barde toujours prêt à chanter la gloire et les vertus de ceux que l'Église veut honorer devant les hommes. Il lui fait un signe, et notre barde chrétien, saisissant son luth, aujourd'hui suspendu aux aulnes qui bordent les rives de la Vienne, s'en vient, modestement et sans bruit, chanter la gloire de ceux que son évêque lui a dit de glorifier [1]. »

Ce poète, M. l'abbé Chauvin, curé de Persac, après avoir chanté les gloires de Notre-Dame-la-Grande, et celles du martyr Vénard, avait su trouver de sublimes inspirations pour célébrer la bienheureuse Françoise d'Amboise. — Le repas fini, le barde religieux se lève,

[1]. M. l'abbé Boislabeille. *Courrier de la Vienne.*

et récite l'hymne qu'il a composé. On ne sait ce qu'il faut le plus admirer : ou de la force des expressions, ou de la richesse des pensées. Chaque strophe est frappée de main de maître, chaque vers est une sentence. Dix fois le poète est interrompu dans sa lecture par des bravos unanimes; l'émotion de sa voix trahit les sentiments de son âme et passe dans tous les cœurs; jusqu'à ce qu'enfin une triple salve d'applaudissements vienne saluer son génie et applaudir à ses inspirations.

Nous sommes heureux de pouvoir placer sous les yeux du lecteur ce charmant bouquet, dont les fleurs choisies luttent entre elles de beauté et de grâce :

La force souveraine en Dieu même réside :
L'homme s'agite en vain, Dieu le mène, il préside
  Aux luttes de l'humanité.
Aujourd'hui c'est un roi qui guide sa cohorte,
Demain c'est un esclave, un mendiant... qu'importe ?
  D'assaut le monde est emporté.

Dieu pour les grands combats tient ses réserves prêtes;
Autrefois, pour l'aider dans ses vastes conquêtes,
  Il prit des bateliers obscurs ;
Et, malgré les tyrans et leurs complots infâmes,
Rome vit sous les coups des enfants et des femmes
  Tomber tous ses autels impurs.

Ah! sans doute parfois l'Église consternée
Voit l'œuvre des méchants de succès couronnée;
  Il faut de la coupe de fiel
Qu'elle presse les bords de ses lèvres tremblantes;
Il lui faut, comme au Christ, des épines sanglantes
  Avant la couronne du ciel.

Aujourd'hui de nos mains les armes sont tombées :
La mort a moissonné nos vaillants Machabées ;
  Et le cœur noyé dans le deuil,
L'Église avec ses fils descend aux catacombes...
Mais un souffle de vie a passé sur leurs tombes,
  Les héros sortent du cercueil.

Les saints ne meurent pas. Leur phalange aguerrie
Occupe pour toujours ces champs de la patrie
  Où campe l'escadron vainqueur.
Invisibles témoins de tout ce qui se passe,
Ils veillent sur l'Eglise, arrêtant dans l'espace
  Les traits lancés contre son cœur.

Faut-il une Judith pour combattre Holopherne ?
Près d'un tombeau sacré l'Eglise se prosterne :
  « Veuve, dit-elle, éveille-toi !
« Ils t'ont, les insensés, mise au nombre des mortes :
« Duchesse des Bretons, la guerre est à nos portes...
  « Romps ton sommeil et défends-moi ! »

  O Françoise, illustre Duchesse,
  A genoux, nous vous en prions,
  Armez pour l'Église en détresse
  Vos invincibles légions !
  Des saintes veuves et des Carmes
  Opposez les vœux et les larmes
  Aux efforts d'un siècle pervers ;
  Priez ! il n'est point d'autres armes
  Qui puissent sauver l'univers !

Oui, la secousse est rude et l'heure solennelle...
L'Édifice pour base a la pierre éternelle,
  Sinon cent fois il eût croulé.

A peine un péril fuit qu'un autre lui succède,
Et le gardien sacré sans cesse crie : « A l'aide,
 « Seigneur ! l'autel est ébranlé !... »

Le Christ est là toujours qui veille près du gouffre :
Il a souffert, il faut que son Eglise souffre,
 C'est le partage d'aujourd'hui,
C'est de tous les élus la grande destinée...
Mille ans pour le Seigneur sont moins qu'une journée ;
 Le pécheur n'a qu'un jour pour lui.

Pour terrasser le chêne, orgueil de nos collines,
Il ne faudrait qu'un ver caché dans ses racines :
 Ainsi les méchants tomberont.
La mort pour les saisir comme la foudre est prompte ;
Ils remplissaient pour nous la coupe de la honte,
 De siècle en siècle ils la boiront.

Vanité ! vanité !... servir Dieu, c'est tout l'homme.
Vous l'aviez dans le cœur gravé cet axiome,
 Duchesse que nous vénérons ;
Au service du Christ consacrant votre trône
Vous sûtes, à ses pieds plaçant votre couronne,
 L'enrichir d'éternels fleurons.

Enfant, l'amour divin remplit votre pensée :
Vous fûtes, dès cinq ans, à Jésus fiancée
 Dans son auguste sacrement ;
Et votre front, plus pur que la flamme des cierges,
Y reçut dès ce jour l'auréole des vierges,
 Au Ciel, son plus bel ornement.

Plus tard il vous fallut ceindre le diadème.
L'époux qu'on vous donna, chaste comme vous-même,
  Vous rendit intacte au Seigneur.
Alors plus que jamais sans retour, sans partage,
Regardant Jésus-Christ comme votre héritage,
  L'aimer fit tout votre bonheur.

  Volez, volez, blanche colombe,
  Vers la montagne du Carmel :
  Pour l'œil charnel c'est une tombe ;
  Aux yeux de l'âme c'est le Ciel ;
  C'est dans ces demeures royales
  Que des victimes virginales
  S'offrent sur l'autel embaumé ;
  Là que par des âmes loyales
  Dieu toujours est le mieux aimé !

Seize ans elle y vécut. Dans sa cellule austère,
Seize ans elle pria pour la paix de la terre,
  Pour la Bretagne et ce Poitou,
Sol dont ses premiers pas foulèrent la poussière,
Et dont le peuple encor la proclame héritière,
  L'implore en courbant le genou.

Son image en tes murs désormais honorée,
Des fléaux, ô Thouars, gardera la contrée ;
  Tes fils de sa bouche apprendront
Qu'il n'est que la vertu qui dure et qui console.
Tes filles à leur tour envieront l'auréole
  Qui fait la gloire de son front.

On les verra marcher sous sa noble oriflamme
Et jeter aux échos ce cri de sa grande âme,
  Dernier vœu par elle exprimé,

Qui de son testament contient toutes les clauses :
« *En tous lieux et toujours faites sur toutes choses,*
　　« *Que Jésus soit le mieux aimé !* »

　　Mot sublime, parole auguste
　　Qui devrait partout retentir ;
　　Dernier refrain de l'âme juste,
　　Adieu suprême du martyr.
　　De Françoise imitant le zèle,
　　Répétons-le, peuple fidèle,
　　Ce cri de son cœur enflammé.
　　Oui, redisons tous après elle :
　　Dieu soit toujours le mieux aimé !

　　　　　Messeigneurs,

Pour ses fêtes le monde attend que la nature
Ait repris son éclat, ses chants et sa verdure ;
　　Mais sur la terre comme au ciel
L'Eglise des saisons ne connaît point les phases,
Et son cœur, absorbé par de saintes extases,
　　Jouit d'un printemps éternel.

Elle a pour couronner ses fidèles servantes
Un diadème fait avec des fleurs vivantes ;
　　Nous sommes ces fleurs en ce jour ;
Vous êtes, Messeigneurs, autant d'astres splendides,
Et nous tournons vers vous nos corolles avides
　　De foi, d'espérance et d'amour.

L'éclat dont vous brillez fait l'honneur de l'Eglise.
Sitôt que vous jugez sa cause compromise
　　Pour la lutte on vous voit partir ;

Vous êtes les soutiens du Pontife suprême
Qui, couronnant les Saints, peut s'appeler lui-même
Docteur, confesseur et martyr!

Cet hymne fut le couronnement de la fête au château. Mais déjà les bons habitants de Thouars avaient préparé, eux aussi, à cette fête de famille, une clôture brillante par des illuminations de bon goût. Sur tous les coins de la ville, à peu près, les ténèbres de la nuit avaient été refoulées au loin par la présence d'une quantité de lumières. C'était une réjouissance publique des mieux accentuées, une manifestation religieuse des plus significatives. Dans toutes les rues décorées pour les processions, on s'était fait un devoir de mêler aux oriflammes et aux arcs de triomphe des lanternes vénitiennes, des verres de couleurs, des candélabres, etc. Nous avons remarqué plus d'une habitation d'assez mince apparence éclairée de ses modestes lampions. Ces lumières étaient nombreuses dans cette vieille rue du Château où sont encore conservées plusieurs maisons qui existaient du temps de la Bienheureuse, et où elle-même, peut-être, passa, lorsque, jeune encore, elle fut emmenée par sa mère à Parthenay. La Grand'Rue s'était distinguée par la variété de ses illuminations comme par le bon goût de ses décorations du jour. De beaux transparents, posés aux vitrines de la maison Bonineau, attiraient surtout les regards : l'un d'eux représentait un vaisseau avec ses pavillons dressés, probablement en souvenir de celui qui fut lancé sur la Loire par Louis XI, avec mission d'enlever de force Françoise d'Amboise; peut-être aussi ce vaisseau figurait-il celui de la sainte Église romaine, soulevée, agitée, battue, à l'heure présente, par les flots de la Révolution, mais que, du reste, aucune puissance humaine ne fera jamais sombrer. Un autre de ces curieux transparents figurait un cœur, d'où s'échappaient des rayons de feu, image du sacré Cœur de Jésus, que Françoise a toujours tant aimé, et dans lequel elle avait en quelque sorte fondu le sien.

Mais c'était sur la place Saint-Médard que la curiosité de préférence dirigeait tous les pas, fixait toutes les attentions. D'innombrables lanternes vénitiennes se balançaient aux cordons que nous avons décrits, formant autour de la place comme un immense réseau de lumières. Ces lumières se reflétaient ensuite dans les jets d'eau dont les gouttes, s'éparpillant, paraissaient retomber dans leurs bassins en perles argentées. La croix de l'obélisque disputait au vent du nord les feux aériens que l'on avait eu le courage et l'adresse d'y poser. Cette vue d'ensemble prêtait à réfléchir. Oui, c'est bien cela : la croix qui domine le firmament et remplit l'univers est à la fois une lumière et une source d'eau vive. La croix éclaire le monde, et là où elle n'est pas, c'est l'obscurité du tombeau, ce sont les épaisses ténèbres de la mort. En outre, la croix vivifie par les Sacrements dont elle est la source, Sacrements qui sont autant de canaux de la divine grâce, autant de jets d'eau sacrés chargés de purifier le monde des âmes de ses souillures.

J'ignore si ces rapprochements mystiques ont frappé tous les esprits. Ce que j'affirme, c'est l'unanimité des sentiments qui remplissaient tous les cœurs : prêtres et fidèles, riches et pauvres, ouvriers et commerçants, tous allaient, venaient, retournaient encore dans les rues illuminées, ne se lassant point d'exprimer leurs mutuelles impressions, leur joie, leurs transports. Un seul jugement était porté, une seule parole se faisait entendre : Quelle fête! Que c'est beau! Quel émouvant spectacle! Quelle journée sans pareille! Non, jamais Thouars n'a vu et ne verra solennité plus complète! Que l'on est donc heureux! — Cette parole, ou plutôt, cette pensée unique diversement exprimée, je l'ai recueillie de mille bouches, et je la consigne scrupuleusement. « Non, non, s'écriait une personne peu suspecte d'exagération en cette matière, il n'y a que la religion pour procurer au peuple d'aussi belles fêtes. » — « J'ai vu bien des spectacles dans des villes importantes, disait plus tard le marquis de Lusignan : aucune ne m'a laissé de plus vives et de plus douces impressions. » Ce langage n'a rien d'exagéré.

J'avoue que la joie aussi inondait mon âme et la transportait; j'étais heureux et fier de mon pays. Il y avait quelque quinze ans que je ne l'avais vu de près; un quart de la population disparue reposait dans la tombe; mais ce que je voyais encore debout, encore tout plein de vie, c'était son exquise urbanité, son caractère foncièrement hospitalier, son enthousiasme, son cœur, et par conséquent sa foi. Oui, la fête du 4 novembre m'a été un témoignage authentique de tout cela, elle me laisse donc un sûr garant de l'avenir. Oui, un peuple qui entend ainsi les choses de Dieu, qui répond de la sorte aux invitations de son Évêque, de ses pasteurs, et traite avec cette dignité sa religion, ce peuple-là vaut quelque chose au regard du ciel et de l'Église; on sent la force de son origine catholique, on comprend que

Dieu lui réserve l'incomparable honneur d'élever quelqu'un de ses membres sur nos autels. Quoi qu'on dise, le peuple Thouarsais est un vieux tronc d'où s'échappe encore une sève vigoureuse qui porte la vie à toutes ses branches ; et les fleurs et les fruits ne lui manquent pas. Un tel peuple pourra s'égarer, mais non périr. Il aura le défaut de ses qualités, c'est-à-dire, par cela même qu'il a du cœur, il fera preuve de certaines faiblesses devant la séduction ; l'influence de mauvaises doctrines, habilement revêtues d'un masque de bien, aura une prise presque certaine sur quelques-uns de ses membres ; mais la foi du plus grand nombre réparera les défaillances partielles ; le chrétien sauvera le citoyen. — Sache-le donc, ô mon pays, le centre de tes félicités humaines, comme de tes éternelles espérances, est en Dieu, dans sa religion, dans ses sacrements, dans ses autels. Ceux qui osent te dire le contraire sont les pires ennemis de tes enfants ; tiens-les pour tels, et ferme l'oreille à leurs discours mensongers. Si les paroles évangéliques que tu as entendues dans ces fêtes ont irradié ton intelligence docile, je n'ai plus qu'à te souhaiter de mettre toujours en harmonie ta foi avec les œuvres.

ÉPILOGUE.

I. Aux Thouarsais.

Ma tâche est terminée. Je devrais, chers concitoyens, clore ici ce livre ; mais je sens le besoin de vous dire un mot du cœur, de tirer avec vous une conclusion pratique de ce qu'ensemble nous avons eu le bonheur de voir et d'entendre.

Créée sans doute aux premiers jours du monde, l'étoile qui devait guider les mages à Bethléem est demeurée quatre mille ans cachée aux regards scrutateurs des astronomes. Elle est venue à son heure ; elle avait sa mission providentielle comme toute créature ici-bas. « *Omnia propter Christum.* » Tels sont aussi les saints : quand Dieu les a façonnés par sa grâce, il les tient en réserve au ciel des cieux où du reste ils jouissent d'un bonheur qui n'a besoin ni de nos suffrages, ni de nos cantiques. Puis, lorsqu'il arrive, dans la plénitude des temps, que la société chrétienne est blessée en quelque endroit de son être ; que les vérités morales s'obscurcissent ; que le flambeau de la foi s'éteint dans les consciences, etc., le Seigneur daigne alors tirer ces étoiles brillantes du séjour de la gloire, il les place au firmament de la sainte Église romaine et les charge d'illustrer le monde, de guider nos pas et de raconter sa gloire.

Voilà pourquoi très-spécialement la bienheureuse Françoise est sortie du tombeau où elle reposait depuis quatre cents ans; elle n'a été placée sur nos autels qu'afin de remplir une mission souveraine au milieu de nous, dans ce beau diocèse de Poitiers, et particulièrement dans cette bonne ville de Thouars qu'elle embaume du parfum de sa sainteté. Désormais, elle a le devoir de protéger ses frères, de bénir ses enfants, de les combler de grâces, et finalement de les sauver, en les attirant à Jésus-Christ par l'attrait de ses propres vertus. Car, ne l'oublions pas, si la sainte duchesse s'impose à notre légitime admiration, elle se propose surtout à notre fidèle imitation. Aussi bien, n'est-il pas une phase de son existence qui ne soit pour quelqu'un d'entre nous une admirable leçon de sagesse chrétienne.

Petits enfants, vous imiterez la bienheureuse Françoise d'Amboise. Son âme était, comme la vôtre, toute pleine de la belle innocence; mais plus que la vôtre, elle aimait Jésus d'un amour si tendre, si impétueux, qu'il fallut complaire à cette dévotion précoce, et nourrir cette jeune affamée du Pain des anges, à un âge où les autres enfants savent à peine balbutier quelques mots de prière au bon Dieu. Oh! demandez-lui de vous obtenir la grâce si importante de bien faire votre première communion.

Jeunes personnes qui traversez cette époque périlleuse de l'existence où la chair et l'esprit, l'amour de Dieu et les séductions du monde se livrent souvent de si rudes combats, placez-vous sous le patronage de la bienheureuse Françoise. Élevée à la cour, elle dut y rencontrer bien des dangers; mais elle fut si attentive à veiller sur son cœur, si appliquée à donner à ses pensées et à ses actes une direction chrétienne, que la beauté de son âme ne fut jamais flétrie. — La fuite des compagnies dangereuses, la sobriété dans les parures, la modestie dans le maintien, la piété cultivée par la prière et nourrie des sacrements seront pour vous, comme pour Françoise, autant de fortes armures contre lesquelles viendront s'émousser les traits de vos ennemis.

Épouses chrétiennes, c'est bien à vous aussi que nous proposons la Bienheureuse pour modèle. Très-sacrés sont les devoirs du mariage, très-onéreuses les charges de cette vocation, très-lourds parfois les liens que l'Église, suivant votre désir, a rivés à vos cœurs et à ceux de vos époux. Ah! s'il advenait que ceux-ci, oubliant un seul moment la foi qu'ils vous ont jurée, n'eussent pas pour vous les égards protecteurs dûs à votre faiblesse, souvenez-vous de Françoise, imitez-la dans sa résignation; gardez-vous d'accroître la discorde en opposant à la violence une colère impuissante. Vous ne triompherez de ces cœurs qui se sont égarés que par la force persuasive de la patience, de l'amour et de la vertu.

Françoise, descendant les marches du trône de Bretagne, après la mort du duc Pierre, s'offre naturellement à l'imitation des veuves. L'apôtre saint Paul désire que, libres de tous liens, ces femmes éprouvées soient désormais tout à Dieu. Il leur demande expressément la consécration de leur cœur à Jésus par l'amour et de leur corps par la chasteté. La Bienheureuse comprit la portée de tels enseignements, elle voulut suivre à la lettre ces conseils inspirés, et estima d'un plus grand prix sa dignité présente que les grandeurs princières d'une seconde alliance à laquelle on voulait la contraindre.

Enfin, notre chère Patronne, fille de sainte Thérèse, habitante du Carmel, est un parfait exemplaire de toutes les vertus qui se doivent pratiquer dans les communautés religieuses. L'absolu détachement des biens de ce monde et l'amour de la pénitence, la force dans les épreuves et la patience dans les maladies, l'humilité qui lui faisait rechercher les plus abjects emplois de la maison et une charité sans bornes à l'égard du prochain, furent pour la Bienheureuse autant de pratiques journalières qui recevaient leur lustre et leur arome de la prière fervente, de la présence continuelle de Dieu, de l'oraison, de l'amour de l'Eucharistie et de la communion fréquente.

Comme ces pierres précieuses habilement taillées dont les facettes brillantes projettent de tous côtés des rayons lumineux, ainsi, sous quelque rapport qu'on l'envisage, par quelque côté que l'on veuille l'étudier, l'âme de la bienheureuse Françoise apparaît au regard resplendissante de la plus pure lumière.

Pour tous, la sainte duchesse est un évangile, un enseignement, une voie; mais, pour les enfants bien-aimés de son pays natal, elle est de plus un asile, une force, un rempart. Thouars se flattait autrefois d'être l'une des places les plus importantes du Poitou. Ses murailles crénelées, ses tours armées de meurtrières, son château posé comme un nid d'aigle sur le roc [1] et pro-

---

1. Le moderne château de Thouars, œuvre de Marie de La Tour-d'Auvergne, épouse de Henri de la Trémouille, est bâti sur un banc de granit connu des savants sous le nom de *Gneiss*. Ce roc dur, noirâtre et compact, a plus de 30 mètres d'élévation, à partir du pavé de la basse rue, jusqu'au rez-de-chaussée du bâtiment. Il est sec et aride; on n'y voit guère d'autres plantes que l'ortie romaine, *ortica pilulifera*, et le concombre sauvage, *momordica elaterium*.

tégé par les eaux profondes de son bassin, n'offraient pas une prise facile aux téméraires assaillants. Aujourd'hui des ennemis d'un autre ordre menacent d'envahir la vieille cité. On n'en veut plus à la matière, mais à l'esprit. Fausser les intelligences si bien nées pour la vérité, pervertir les cœurs qui demandent à vivre purs, amoindrir la famille par le mépris des lois sacrées qui la constituent et par la dissolution des liens domestiques qui faisaient l'honneur et la félicité de nos ancêtres, démoraliser les masses dont les aspirations sont et demeurent, malgré tout, profondément religieuses, voilà ce que les ennemis jurés de Jésus-Christ qu'ils veulent supplanter et de son Église qu'ils s'efforcent vainement de renverser, entreprennent chaque jour, au nom de la liberté et de la morale indépendante. Ces ennemis s'appellent *légion*[1] ; leurs engins destructeurs sont multiples et connus de tout le monde. Ils volent dans des airs pestiférants et s'abattent chaque jour comme des oiseaux de proie, sur l'humanité chrétienne. Pleins d'astuce et d'audace, de fourberies et de mensonges, ils pénètrent dans les salons et se glissent jusque dans la chaumière. Du programme de leurs idées anti-religieuses et conséquemment antisociales naissent des révolutions dans les consciences, dans les familles, dans les cités, dans les empires.

Thouars, tu n'es pas sans doute à l'abri de ces attaques formidables et de ces désastreuses perturbations ; cependant je suis pour toi plein d'espérance. J'espère, parce que la bienheureuse Françoise veille sur tes destinées ; cette noble fille de nos anciens vicomtes sera

---

[1]. Legio mihi nomen est, quia multi sumus. S. MARC, v, 9.

désormais, j'ose le l'affirmer, un bouclier pour la foi, une forteresse pour les mœurs. Après avoir visité les rues et béni les maisons, elle va couvrir les enfants de son manteau de reine et réchauffer leur âme de son amour de mère. Oh! sois fidèle à ses enseignements, rends-toi toujours digne de son affectueuse protection. Viens, viens t'agenouiller souvent aux pieds de sa statue : elle a, tu le sais, un trône d'honneur dans cette chapelle Saint-Louis que la pieuse Gabrielle de Bourbon semble avoir construite, comme l'église de Notre-Dame du château, pour servir de tente glorieuse à son aïeule vénérée. Viens, les prières seront entendues, les vœux exaucés. La nouvelle patronne de la Bretagne et du Poitou se réjouira des progrès du pèlerinage que tu voudras entretenir à son autel, auprès de son berceau ; et sa bénédiction, gage précieux des célestes faveurs, se perpétuera sur toi d'âge en âge.

II. Aux habitants des campagnes du pays Thouarsais.

Vous avez prêté un concours si imposant à la manifestation religieuse du 4 novembre, qu'il me paraît juste de vous consacrer quelques pages dans cet opuscule destiné à perpétuer le souvenir de notre grande fête patriotique. Je l'ai dit : vous n'étiez certes pas la moins intéressante portion des pèlerins accourus de toutes parts. Votre présence, du reste, n'a surpris personne. Au milieu de vos champs fertiles, vous respirez un air pur que des courants pestilentiels d'impiété radicale et de passions raffinées n'ont pas encore corrompu. A cause de cela, votre foi catholique conserve des vigueurs généreuses, elle a des teintes de mâle jeunesse qui parfois nous ravissent. Sous ce rapport, vous êtes dans notre France une partie saine dont les amis de l'ordre se plaisent à tenir compte. L'Église ne vous dissimule pas qu'elle fonde sur vous beaucoup de ses espérances trompées par la malice du siècle. Elle croit, et nous croyons avec elle, que, dans un cataclysme universel de notre foi, les habitants des campagnes seraient des derniers à abdiquer les croyances de leur baptême. Chez vous, en effet, la foi est simple comme vos mœurs, robuste comme vos membres, paisible comme votre existence.

Eh! les premiers croyants, les premiers adorateurs de Jésus-Christ ne furent-ils pas des bergers de Bethléem ? Rappelez-vous ce récit biblique : soudain, ils se virent enveloppés de célestes lumières, la voix mélodieuse des anges se fit entendre à eux, disant : « Allez au berceau, vous y trouverez un enfant enveloppé de langes, c'est votre Sauveur, adorez-le [1] ». Et, sans engager leur esprit dans de creux raisonnements sur ces apparitions et sur ces voix, ces petits pâtres, plus sages qu'Hérode, plus heureux qu'Auguste, sont venus naïvement, courageusement offrir leurs adorations au divin Sauveur.

Eh bien ! vous avez fait ces jours-ci quelque chose de semblable. L'évêque, vos vénérables pasteurs vous ont dit au nom de Dieu, dont ils sont les royals messagers : « Allez au berceau de Françoise, portez les prémices de vos vœux à cette illustre souveraine du pays thouarsais, offrez-lui les hommages qui sont dûs

---

1. S. Luc, II, 11.

à sa dignité de *Bienheureuse* ». Et la bonne nouvelle a réjoui vos âmes, vous êtes accourus, parés bien moins de vos habits de fête que de votre piété franche, de votre foi alerte qui vole à son but sans trébucher devant les misérables écueils du respect humain.

Soyez-en bénis : la bienheureuse Françoise aura pour vous des regards de complaisance, elle si bonne en ce monde, si charitable, si compatissante, si dévouée au *pauvre peuple* des campagnes. Ce qu'elle a fait de bien dans son duché de Bretagne, les siècles le rediront aux siècles avec une admiration toujours croissante. Ce n'était pas une reine impérieuse, c'était une mère aimante. Elle secourait les indigents, soignait les malades, essuyait les ulcères de l'incurable, s'agenouillait auprès du lépreux. Quelles œuvres de charité n'eût-elle pas accomplies au milieu de vos pères, si la Providence l'avait conservée dans notre beau pays thouarsais! Aujourd'hui qu'elle y est rentrée triomphante, elle va répandre ses faveurs sur ses chers enfants, et par conséquent sur vous. Car vous êtes véritablement de sa famille; vous lui appartenez à des titres que le temps a pu prescrire, mais qu'aucun de vous, sans doute, ne voudra répudier. N'est-il pas vrai que le sillon arrosé de vos sueurs faisait autrefois partie des vastes domaines du duc d'Amboise? La vicomté de Thouars se déployait sous un immense horizon; et très-certainement vos pères étaient vassaux de nos anciens seigneurs. Françoise fut donc alors leur suzeraine. Comme ils durent aimer leur jeune maîtresse au berceau! combien de vœux s'échappèrent de leurs cœurs fidèles! et que de larmes ont coulé quand ils virent cette noble héritière s'éloigner de vos campagnes, sans espérance de l'y revoir jamais !

Ah ! tressaillez d'allégresse, puisque Françoise est revenue parmi vous. Bien plus et bien mieux que vos aïeux très-chrétiens, vous aimerez la bienheureuse duchesse ; vous l'aimerez et surtout vous chercherez à l'imiter. Non contents de faire fructifier les terres qui autrefois étaient de son appartenance, vous cultiverez les vertus de notre chère patronne. Voyez : le temps a fait bon marché de ses possessions territoriales, les révolutions les ont spoliées, vendues, morcelées. Mais les héroïques vertus qui enrichissaient sa grande âme furent un trésor que ni la rouille n'a pu ronger, ni les voleurs n'ont pu ravir, ni le temps n'a pu corrompre. — « Nous sommes les enfants des Saints [1] », et nous devons marcher sur leurs traces. Suivez donc les droits sentiers de notre Bienheureuse ; placez en elle votre confiance ; établissez-la gardienne de vos âmes, de vos champs et de vos maisons : elle vous en bénira.

1. Quoniam filii sanctorum sumus. Tob., II, 18.

FIN.

TABLE DES MATIÈRES.

	Pages.
A LA BIENHEUREUSE FRANÇOISE D'AMBOISE.	V
AUX THOUARSAIS.	VII

CHAPITRE PREMIER. — Thouars. — Ses vicomtes. — Généalogie de la bienheureuse Françoise d'Amboise. — Son berceau. — Principaux événements de sa vie. — Sa mort. 9

CHAPITRE II. — Histoire des Reliques de la bienheureuse et de son culte. 23

CHAPITRE III. — Pourquoi ces fêtes ? 33

CHAPITRE IV. — Le Triduum. 45

    Premier jour. 47
    Deuxième jour. 55
    Troisième jour. 62

CHAPITRE V. — La fête. 71

ÉPILOGUE. 115

    I. Aux Thouarsais. 115
    II. Aux habitants des campagnes du pays Thouarsais. 120

ON TROUVE A LA MÊME LIBRAIRIE LES OUVRAGES
SUIVANTS DU MÊME AUTEUR :

Relation des Fêtes de Thouars, en l'honneur de la Bienheureuse Françoise d'Amboise, un vol. in-18. . . . . 1 »
    Édition populaire. . . . . » 60
Lyre de Saint-Joseph, cantiques pour tous les jours du mois de mars, à 2 et à 3 voix :
    Musique, un beau vol. in-8° couronne. 3 20
    Paroles, un vol. in-18, seconde édition. » 60
Recueil de Prières indulgenciées à Saint-Joseph, honoré d'un Bref du Saint-Père, 1 vol. in-32 raisin, broché. . . . . . 1 »
    relié. 1 30
Le Mot de Marie, un charmant petit vol. in-32. » 60

Chacune de ces publications est envoyée franco, et se vend au profit de l'œuvre du *Denier de Saint-Pierre*. Tout le monde comprend aujourd'hui l'importance de cette œuvre; elle prime toutes les autres. Il ne s'agit pas de soulager quelques membres souffrants de la sainte Église, mais de sauver l'Église elle-même menacée dans son indépendance spirituelle. Il est donc nécessaire, indispensable que tout chrétien verse son offrande dans la caisse du Saint-Père. Il faut que la pièce d'or du riche et l'obole du pauvre s'y rencontrent. — Or, quel moyen plus facile, plus agréable d'atteindre ce but, que de se procurer les pieuses publications annoncées ci-dessus, en retour d'une modique somme qui, en la portée sur les ailes de la charité, jusqu'aux pieds du souverain Pontife ?

On peut aussi s'adresser directement à l'auteur.
On peut payer le prix en timbres-poste pour la totalité des demandes qui lui seront faites.

POITIERS. — TYPOGRAPHIE DE HENRI OUDIN.

ON TROUVE A LA MÊME LIBRAIRIE LES OUVRAGES
SUIVANTS DU MÊME AUTEUR :

Relation des Fêtes de Thouars, en l'honneur de la Bienheureuse Françoise d'Amboise, un vol. in-18.	1	»
Édition populaire.	»	60
Lyre de Saint-Joseph, cantiques pour tous les jours du mois de mars, à 2 et à 3 voix :		
Musique, un beau vol. in-8° couronne.	3	20
Paroles, un vol. in-18, seconde édition.	»	60
Recueil de Prières indulgenciées à Saint-Joseph, honoré d'un Bref du Saint-Père, 1 vol. in-32 raisin, broché.	1	»
relié.	1	30
Le Mot de Marie, un charmant petit vol. in-32.	»	60

Chacune de ces publications est envoyée franco, et se vend au profit de l'œuvre du *Denier de Saint-Pierre*. Tout le monde comprend aujourd'hui l'importance de cette œuvre; elle prime toutes les autres. Il ne s'agit pas de soulager quelques membres souffrants de la sainte Église, mais de sauver l'Église elle-même menacée dans son indépendance spirituelle. Il est donc nécessaire, indispensable que tout chrétien verse son offrande dans la caisse du Saint-Père. Il faut que la pièce d'or du riche et l'obole du pauvre s'y rencontrent. — Or, quel moyen plus facile, plus agréable d'atteindre ce but, que de se procurer les pieuses publications annoncées ci-dessus, en retour d'une modique somme qui s'en ira, portée sur les ailes de la charité, jusqu'aux pieds du Souverain Pontife ?

On peut aussi s'adresser directement à l'auteur.
On peut payer le prix en timbres-poste pour la totalité des demandes qui lui seront faites.

POITIERS. — TYPOGRAPHIE DE HENRI OUDIN.

www.ingramcontent.com/pod-product-compliance
Lightning Source LLC
Chambersburg PA
CBHW060209100426
42744CB00007B/1223